# EL MUNDO HISPANO
# EN LA LITERATURA
# DE ALEXANDER LERNET-HOLENIA

Serie: Literatura, 107

Mariño, Francisco Manuel

El mundo hispano en la literatura de Alexander Lernet-Holenia / Francisco
Manuel Mariño. – Valladolid: Ediciones Universidad de Valladolid, 2025

142 p. ; 24 cm (Literatura,107)

ISBN 978-84-1320-341-6

1. Lernet-Holenia, Alexander 1897-1976 - Crítica e interpretación. 2. España
en la literatura 3. Literatura alemana - Austria - Siglo XX. 4. España -
Descripciones y viajes. I. Universidad de Valladolid, ed.

821.112.2(436)"19":908(460)
908(460):821.112.2(436)"19"

FRANCISCO MANUEL MARIÑO

# EL MUNDO HISPANO EN LA LITERATURA DE ALEXANDER LERNET-HOLENIA

EDICIONES
Universidad de Valladolid

En conformidad con la política editorial de Ediciones Universidad de Valladolid (http://www.publicaciones.uva.es/), este libro ha superado una evaluación por pares de doble ciego realizada por revisores externos a la Universidad de Valladolid.

Preimpresión: EDICIONES UNIVERSIDAD DE VALLADOLID

ISBN 978-84-1320-341-6

Diseño de cubierta: EDICIONES UNIVERSIDAD DE VALLADOLID

Motivo de cubierta: OTERO, Carolina. 'La bella Otero' SIP. 129-20. Photo Reutlinger.jpg. (2022, May 3). Wikimedia Commons. Retrieved 22:51,

Depósito Legal: VA 217-2025

Imprime: ULZAMA

Este libro es para Meiga,
por si quiere hacer con él lo que hizo Murr
con los escritos de Kreisler

# ÍNDICE

# 1. Introducción

C ualquier trabajo actual sobre la obra de Alexander Lernet-Holenia –principalmente si se realiza desde una considerable distancia del mundo cultural
germano o, más específicamente, vienés– necesita el recordatorio previo de quién fue
ese autor, cuál su trayectoria, así como la repercusión de su legado. Y ello a pesar de
que el escritor no fue un desconocido en la España de los años 50 a 70 del siglo
pasado, como más adelante veremos. Hoy en día, sin embargo, Alexander Lernet-
Holenia es un nombre aislado en el panorama literario hispano, cercano a la literatura
fantástica y de entretenimiento (*Trivialliteratur*) –y, por tanto, en cierta medida,
marginal para los no afectos a esas categorías genéricas–, sobre todo por obras como
*El barón Bagge* (*Der Baron Bagge*, 1936), y relacionado con la narrativa de la I
Guerra Mundial por su novela *El estandarte* (*Die Standarte*, 1934), reeditada en
nuestro país justamente como aporte a la conmemoración del aniversario del
comienzo de la guerra. En el mundo germano, y a pesar de haber sido en su momento
Lernet-Holenia presidente de la sección austriaca del PEN Club (en concreto, desde
el año 1969 hasta el 1972), no tiene tampoco en la actualidad la relevancia que tuvo
en su momento.

Con todo, independientemente de la consideración que merezca hoy en día su
literatura, llama poderosamente la atención, desde la óptica de un lector hispano,
precisamente la presencia más que significativa de la propia cultura hispana en su
obra. Baste recordar, a este respecto, títulos como el de su pieza dramática *Lepanto*
(1946) –aunque en realidad en esta obra las expectativas no se confirmen tras la
lectura– o su *Comedia española* (*Spanische Komödie*, 1948), en la que, por si el
título no fuese suficientemente significativo, la acción se sitúa en Buenos Aires y en
Madrid (cf. Lernet-Holenia, 1948: 9); novelas como *El joven Moncada* (*Der junge
Moncada*, 1954), que es en realidad, una transcodificación de la misma materia de la
obra teatral anterior, o *El conde Luna* (*Der Graf Luna*), aparecida en el año siguiente;
o historias de almanaque como *El aria del Conde Luna* (*Die Arie des Grafen Luna*,
1963), relacionada con su novela sobre el Conde Luna, o la anterior, *La conquista del
Perú* (*Die Eroberung von Peru*, 1935). Todos estos títulos, y algunos otros menos
explícitos, que no ofrecen ninguna pista sobre su vinculación con la cultura hispana
–y que veremos a lo largo de este trabajo–, desarrollan, no obstante, un argumento

claramente relacionado con esta. Es el caso, por ejemplo, de *Los pretendientes al trono* (*Die Thronprätendenten*, 1965), que encierra una sátira velada contra la España de Franco y el problema de la monarquía (cf. Lernet-Holenia, 1965), por poner solo un ejemplo absolutamente significativo.

Esta reiterada presencia hispana a la que aludimos tiene, al parecer, motivaciones personales del propio autor, que se fundamentan, en primer lugar, en su origen español por vía materna. Si bien tales orígenes quedan muy difuminados por el paso del tiempo, pudieron, no obstante, suscitar en el escritor ese interés por el mundo hispano que se manifestó –y, probablemente, consolidó– en los viajes por él emprendidos en el año 1939, y que lo llevaron a ciudades como Caracas, Cartagena, Veracruz, México o La Habana (cf. Roček, 1997: 220-222).

No debe olvidarse tampoco que Lernet-Holenia es un autor austríaco y que la vinculación histórica de Austria con España es más que evidente; baste recordar las palabras de Joseph Roth al respecto: «Spanien grenzt historisch an Österreich [...] Die Habsburger sind Spanier, die österreichischen Charakter angenommen und das spanische Zeremoniell beibehalten haben»[1] (cf. Roth, 1989: 742-751). A ello añade C. A. Lombana Sánchez:

> La influencia de España para el ámbito centroeuropeo es ineludible y se cristaliza en todas las artes, pero es especialmente en la literatura donde se muestra más intensamente. Son múltiples los testimonios que justifican la sentencia de Roth si perseguimos la presencia de lo español dentro de la literatura centroeuropea en general, así como en autores puntuales: Calderón de la Barca, Lope de Vega, etc. Los grandes romanistas austrohúngaros se ocuparon desde la Universidad por rescatar y traducir a los protagonistas, que rápidamente se expandieron por todos los teatros de Austriahungría [*sic*]. (Lombana Sánchez, 2015: 156)

Debido a la casi omnipresencia de la huella hispana en toda la obra del escritor austríaco, en un principio pensábamos circunscribir nuestro estudio únicamente al género novelesco –dejando fuera, por tanto, la lírica, el drama, el ensayo y, en general, el relato breve–, que nos parecía, ya de por sí, suficientemente amplio. Sin embargo, con esa restricción, quedarían fuera algunas obras extremadamente ilustrativas de esa presencia hispana en el mundo literario de nuestro autor, como es el caso de las piezas teatrales, ya mencionadas, *Comedia española* y *Los pretendientes al trono*, así como algunos ensayos breves también muy significativos a este respecto (menos importante resulta la lírica, a pesar de que algunos títulos puedan despertar falsas expectativas). Con estos presupuestos, por tanto, rectificamos nuestro propósito inicial y abordamos el estudio de toda la obra literaria de Lernet-Holenia, con la dificultad añadida de que, dado que el autor no es considerado una primera figura en

---

[1] «España históricamente limita con Austria [...] Los Habsburgo son españoles que han adquirido el carácter austríaco y conservaron el ceremonial español».

el panorama actual de la literatura en lengua alemana, su obra es, en muchos casos, de difícil acceso: no existe ninguna edición completa de la misma y los textos menos populares no han sido reeditados desde su primera aparición, lo que nos obligó a acceder a ellos a través de librerías de anticuario y, en algunos casos, ni siquiera hemos podido hacerlo. El resultado, sin embargo, aunque no sea exhaustivo, sí es suficientemente representativo y se acerca mucho a la revisión de la obra completa del autor; pensamos que, aunque pueda quedar fuera de nuestro estudio alguna referencia, esta sería más anecdótica que verdaderamente sustancial.

Aclarado lo anterior, dividimos nuestro estudio, de manera genérica, empezando por la lírica y siguiendo por el teatro, la novela, la narrativa breve y finalmente, las historias de almanaque. Dado que este trabajo es esencialmente tematológico, comenzamos siempre nuestro acercamiento a cada una de las obras con una más o menos breve síntesis argumental donde resaltamos los "contenidos hispanos" respectivos. Finalmente, veremos, de manera sucinta, el grado de importancia que la temática y los motivos hispanos confieren a la obra de Lernet-Holenia y que en gran medida la caracterizan.

Queremos dejar constancia, finalmente, de nuestro agradecimiento a Sabine Geck y a Mercedes Mexuto por la lectura atenta del texto y por sus interesantes observaciones y sugerencias, y a Sara Barroso por su inestimable ayuda informática.

## 2. El autor y su obra

Alexander Lernet-Holenia fue el seudónimo de Alexander Marie Norbert Lernet (1897-1976), hijo, al parecer, de «una baronesa de origen español llamada Sidonie Freiin von Boyneburgk-Stettfeld, y de Alexander von Lernet, lugarteniente de la "kaiserliche und königliche Linienschiffgesellschaft"»[1] (Jaén Benítez, 2005: 377). Sobre este origen español de la familia materna, nos aclara Roman Roček que

> Die Holenias sind im Dreißigjährigen Krieg, aus Spanien kommend, nach Böhmen eingewandert und haben ursprünglich Holeña de Alma geheißen. Noch in Mähren sollen sie sich übrigens mit einer Tilde geschrieben haben.[2] (Roček, 1997: 16)

Alexander Lernet-Holenia nació en Viena el 21 de octubre de 1897[3]. Su padre los abandonó poco después de su nacimiento, y el joven Alexander fue criado con su familia materna en Wasserleonburg, Carintia. En el año 1920 es adoptado legalmente por su familia materna y añade el patronímico Holenia a su apellido paterno. En el año 1915 se había presentado voluntario para el servicio militar activo, y sirvió en el regimiento de caballería en Polonia durante la Primera Guerra Mundial. Su condición militar y sus problemas de identidad personal pasarán a ser motivos recurrentes en su obra; estos últimos, agravados por la sospecha de que su padre legal, Alexander von Lernet, lo habría sido solo nominalmente, y que él, en realidad, sería hijo del Archiduque Karl Stephan (cf. Roek, 1984: 183-192). Aunque hay pocas evidencias que avalen esta posibilidad, lo cierto es que Lernet-Holenia llegaría a obsesionarse con ella, de manera que, como se ha dicho, cuestiones referentes a la identidad

---

[1] «La ruptura del matrimonio se convierte en acontecimiento público debido a cierto rumor de adulterio. La prensa sensacionalista del momento divulga que el motivo del fracaso de la pareja reside en una aventura amorosa entre la aristócrata y el archiduque Karl Stephan, miembro de la Casa Real austriaca y presunto padre de Alexander» (*ibidem*).

[2] «Los Holenias, viniendo de España, inmigraron a Bohemia durante la Guerra de los Treinta Años y originalmente se llamaban Holeña de Alma. Por cierto, estando todavía en Moravia, se dice que ellos se escribían con tilde». Se refiere a la tilde o virgulilla de la letra ñ; por tanto, escribían su apellido como Holeña y no como Holenia.

[3] Para los datos biográficos que siguen, véase Dassanowsky, 1996: 9-10.

personal, a la genealogía, a una relación de amor-odio con la casa de Habsburgo y a la idea del imperio, llenan sus obras literarias.

Lernet-Holenia comenzó su labor creativa en el terreno de la poesía, y, a su primer poemario, *Pastoral* (*Pastorale*, 1921), le siguió una suerte de revisión de la poesía amorosa medieval, *Canciones de amor elevado* (*Lieder hoher Minne*, 1922), de distintos países (Ulrich von Lichtenstein, Petrarca, Thiébaut de Champagne o don Denís de Portugal [cf. Lernet-Holenia, 1989: 59-93]), hasta que con *Cancionero* (*Kanzonnair*, 1923), su tercer poemario, adquiere ya su lírica pleno reconocimiento, de modo tal que el propio Rilke, en carta a la princesa Marie von Thurn und Taxis, escribe sobre él: «Es ist überraschend, oft herrlich, weit über die Erwartung hinaus [...] Enfin c'est un poète!» [4] (Müller-Widmer, 1980: 27).

A partir del año 1925, empieza Lernet-Holenia a escribir obras teatrales. La primera sería *Demetrius*, de ese mismo año; pero, de entre todas, cabría destacar, por su éxito de público y crítica, *Olla podrida* (*Ollapotrida*, 1926) y *Comedia austríaca* (*Österreichische Komödie*, 1927). Algunas de ellas las escribió en colaboración con otros autores, así *La oportunidad hace el amor* (*Gelegenheit macht Liebe*) –también titulada *Quiproquo* (1928)–, junto con Stefan Zweig, y *Atracción* (*Attraktion*) –también titulada *Transacción* (*Transaktion*, 1930)–, con Paul Frank.

Su irrupción en la prosa narrativa es más tardía, y surge a partir de revisiones de sus propias piezas teatrales. Tal es el caso de su primera novela, *La boda nocturna* (*Die nächtliche Hochzeit*), publicada en el año 1930, y que no es más que una transcodificación (del código teatral al narrativo) de la pieza dramática en tres actos, *La boda nocturna. Acción de pompa y estado* (*Die nächtliche Hochzeit, Haupt- und Staatsaktion*), que data de 1929. La primera novela plenamente original sería *Las aventuras de un joven señor en Polonia* (*Die Abenteuer eines jungen Herrn in Polen*, 1931).

Su novela de 1941 *Marte en Aries* (*Mars im Widder*), sobre la pérdida de identidad de Austria, fue la única obra de resistencia publicada durante el Tercer Reich, pero fue también prohibida por el ministerio de propaganda nazi, dirigido por Joseph Goebbels (cf. Dassanowsky, 1996: 11).

Lernet-Holenia había participado en la campaña de Polonia (sirvió también en Eslovaquia, Rusia, Ucrania y Hungría, desde 1915, año en que dejó sus estudios de Derecho en la Universidad de Viena, hasta 1918), que tuvo que abandonar por heridas de guerra, lo que le llevó a trabajar circunstancialmente como censor de películas militares en Berlín, al tiempo que como escritor de guiones cinematográficos (*ibidem*). Películas como *Escuela secundaria* (*Hohe Schule*, 1934), de Erich Engel, o *El despido* (*Die Entlassung*, 1942), de Wolfgang Liebeneiner, tienen guion de Lernet-Holenia, esta última junto con Felix von Eckhart y Curt J. Braun.

---

[4] «Es sorprendente, a menudo maravilloso, mucho más allá de las expectativas [...] Enfin c'est un poète!».

Durante una suerte de exilio interior, debido a los problemas surgidos con su novela *Marte en Aries*, el autor se retira a St. Wolfgang, cerca de Salzburgo, donde contrae matrimonio en 1945 con Eva Vollbach.

Aun a pesar de cierto desinterés, por parte de la crítica, hacia su literatura, recibe una larga serie de premios literarios: además del "Premio Kleist" en 1927 y el "Premio Goethe de la Ciudad de Bremen", en el mismo año; en 1951 recibe el "Premio de la Ciudad de Viena"; en 1961, el "Gran Premio Estatal Austríaco de Literatura" y en 1967, el "Premio Adalbert Stifter". A esta serie de reconocimientos se suma su elección como presidente del PEN Club de Austria, en 1969, puesto en el que cesó en 1972, como acto de protesta por la concesión del Premio Nobel de Literatura a Heinrich Böll (cf. Dassanowsky, 11-12).

Lernet-Holenia pasó los años siguientes, hasta su muerte en 1976, en una especie de ostracismo autoimpuesto, entre su casa de campo de St. Wolfgang y su apartamento vienés del palacio Hofburg. Desde entonces, aquel ostracismo se hizo extensivo a su obra, de la que se ven tímidas vindicaciones en la actualidad. En cualquier caso, y como nos recuerda, una vez más, Robert Dassanowsky, «no serious study of Austrian or Central European literary history can be made without Lernet-Holenia's rumination on the Austrian trauma since 1918»[5] (Dassanowsky, 1996: 13).

Ilustración 1. Alexander Lernet-Holenia

---

[5] «Ningún estudio serio de la historia literaria austríaca o centroeuropea puede hacerse sin la reflexión de Lernet-Holenia sobre el trauma austríaco desde 1918».

# 3. LA POESÍA

Alexander Lernet-Holenia irrumpió en el mundo literario en el año 1921, con un libro de poemas (*Pastorale*) y, desde entonces, la poesía lo acompañó siempre: aunque su poemario final, *El Fuego* (*Das Feuer*), data de 1949, la última datación poética es de 1972, pocos años antes de su fallecimiento en 1976, tal y como puede comprobarse en la recopilación de sus *Poemas dispersos* (*Verstreute Gedichte*) (cf. Lernet-Holenia, 1989: 563-622). Dado el profundo interés que la cultura hispana despertó desde siempre en nuestro autor, no es aventurado imaginar que ya hubo de dar muestras de dicho interés en sus primeras obras literarias, si bien es cierto que la poesía lírica es menos propicia para incluir referencias de ese tipo que la poesía de carácter narrativo. Es por esa razón –porque la poesía de Lernet-Holenia es mayoritariamente lírica– por la que encontramos muy leves huellas culturales hispanas en su poesía, si las comparamos con las mucho más evidentes y explícitas, que destacan tanto en su producción teatral como narrativa. Con todo, veremos a continuación unos pocos poemas que acreditan esa presencia.

El primero de los textos que pueden vincularse con la cultura española aparece en su segundo poemario, que no recoge poemas originales de nuestro autor, sino versiones o recreaciones de poemas de otros autores de la lírica medieval europea, y que lleva por título *Canciones de amor elevado (transcripciones)* –*Lieder hoher Minne (Übertragungen)*–, fechado en 1922. Los títulos de los poemas hacen referencia únicamente al autor original, y, en el caso concreto del poema que nos ocupa, este va encabezado por las siguientes palabras, a modo de título, "Thiébaut von Champagne und von Brie, König von Navarra"[1] (Lernet-Holenia, 1989: 79). El autor no es otro que Teobaldo I de Navarra (1201-1253), nacido en Troyes (Francia) y enterrado en la catedral de Pamplona, primer rey de la casa de Champaña, cuya hija sería la esposa de Alfonso X el Sabio, y que, dada su dedicación poética y musical, fue llamado "el Trovador", uno de los más importantes en la lengua de oil. Su vinculación hispana está clara por su condición de rey de Navarra. Así se explica en la entrada correspondiente de la *Gran Enciclopedia de Navarra*:

---

[1] «Teobaldo Champaña y de Brie, Rey de Navarra».

Cuarto conde de Champaña de este nombre, era hijo póstumo del conde Teobaldo II y de Blanca de Navarra, hija del rey Sancho VI el Sabio. Sucedió a su tío Sancho VII el Fuerte sobre el trono de Navarra, inaugurando así en este reino la dinastía de Champaña (1234). Hombre afable, valeroso y de gran sensibilidad, es más conocido en la historia como poeta que como político y guerrero, y no en vano fue el más fecundo de los trovadores franceses en lengua de oil. Casó primero (1220) con Gertrudis Dasbourg, hija del conde de Metz, de la que se separó por sentencia de nulidad. Su segunda esposa fue Inés (1222), hija del señor de Beaujeu, que le dio una hija, Blanca, luego condesa de Bretaña. Contrajo terceras nupcias (1233) con Margarita de Borbón, con quien tuvo siete hijos: Teobaldo, Pedro, Leonor, Margarita, Beatriz, Enrique y Guillermo. Sus primeras actuaciones en Navarra fueron encaminadas a consolidar su corona frente a Aragón y Castilla. Para ello procuró apaciguar a Jaime I el Conquistador, que podía esgrimir los presuntos derechos sucesorios derivados de su pacto de prohijamiento mutuo con el difunto Sancho el Fuerte. Con Fernando III el Santo suscribió un pacto de alianza matrimonial que no llegó a consumarse. Pero mantuvo con ambos soberanos cordiales relaciones a lo largo de todo el reinado. (*Teobaldo I*, en *Gran Enciclopedia de Navarra*, 1990)

El contenido del poema traducido parece recrear el de Thibaut que comienza con los versos «Kant Amors vit ke je li aloignoie / Et j'oi mon cuer retrait da sa prixon»[2], y, aunque no aporta mucho a los efectos pretendidos por este estudio, puesto que se trata de una canción de amor sin conexiones con el mundo hispano, lo reproducimos a continuación enfrentado a su referente francés:

Kant Amors vit ke je li aloignoie
Et j'oi mon cuer retrait da sa prixon,
Se li fut vis ke trop la resoignoie,
Lors m'asailli d'une estrainge tenson
Et dist: « Thiebaus, jai fustes vos mes hom.
Or me moustreis keil tort je vos faissoie,
Ke me voleis guerpir en teil saixon !

— Certes, Amors, aisseis i troveroie
Por vos guerpir forfait et mesprixon,
Maix ne voi riens ke je conquerre i doie ;
Por ceu vers vos ne demant se paix non ;
Si soiés dame, et jeu uns povres hom.
Ki n'ai talent ke jamais a vos soie.
Se Deus me done aillors ma guerixon.

— Certes, Thiebaut, je me correceroi,
S'encor de moy ne feïssiés chanson.

Als Liebe einsah, daß ich ihren Schwächen
Entflohn war und mein Herz in Sicherheit
Sei, fing sie plötzlich an, mit mir zu sprechen
Und mir zu drohn und gegen mich bereit
Zu sein: «Thiébaut, wie kamst du denn so weit,
Scheuer als alles vor mir auszubrechen
In dieser solchen Jahreszeit!»

«O, ich hab nichts als lauter Gründe, Liebe,
Weit von dir abzuschweifen. Denn ich seh
Keine, für die ich mich so übertriebe
Und will nur, daß mir nichts von dir geschäh.
Du bist die Blühnde, ich der Traurige
Und viel zu schwach, daß ich mich zu dir hübe
(Wenn Gottes Gnade je an mir geschäh!)»

«Thiébaut, o daß du sängest und nicht weinen
Wolltest; denn wenn du singst, bin ich bewegt

---

[2] Se recoge en el apéndice de Thibaut de Champagne, 1925 : 245-247.

Vostres chanteirs me plaist et esbannoie,
Car moult vos voi de belle entencion.
Or ne quereis vers moi nulle ochoison,
Ke bien saichiés, cui si grans puelpes proie,
K'il ne puet pais a tous faire raison.

— Jai Deus, Amors, ma proiere ne croie,
Quant vos en moy jamaix avrois parson,
Ke j'ai lou duel dont li autre ont la joie,
Et s'avez fait de moi autrui garson.
Com l'aveugles quiert la voie a baston,
Vos ai je quis, et se ne vos veoie.
Trop estes trouble, et s'aveis si cleir nom.

— Coment, Thiebaut, . . . . . . .
. . . . . . ne vos ravrai je dont ?
— Nenil, Amors, en perdon se foloie
Ke maix me veult remettre en teil prixon.
Tous jors vos ai porteit loiaul tesmoing,
Et vos m'aveis jüeit d'une corroie
Ou je ne puis faire se perdre non. »[3]

Und süß erschreckt und nah an einem Weinen
Und so im Innersten von dir erregt.
Bring mich nicht auf. Hast du denn überlegt,
Thiébaut, daß einer nicht auf irgendeinen
Sehn kann, der ganze Reiche niederschlägt?»

«O Liebe, komm nicht so mit deinem Zorne,
So über mich. Die anderen sind schnell
Von dir erhöht, ich spür nur deine Dornen,
Die andern blühn, ich hab nur das Gequäl.
Wie wenn ein Blinder mit dem Stock mühsel-
ig tastet, konnte ich dich, du Verworrene,
Nicht finden. Und dein Name klingt so hell.»

Abgesang

«Wie denn, Thiébaut, kommst du nie mehr zu
mir?»
«Nein, nie mehr, Liebe, denn in dieses Falles
Gefahr und Ängsten wär ich nur in dir

Wie in Gefängnis und was ich je für
Dich täte, schlüg mir schrecklich um, bis alles
Drauf ausging, daß ich mich an dich verlier.»[4]
(Lernet-Holenia, 1989: 79-80)

En la cuarta parte de su tercer poemario, ya mencionado, *Cancionero*, titulada *La vida de los santos* (*Das Leben der Heiligen*), aparece ya un poema propio, significativamente denominado "Barlaam und Josaphat", que nos remite a la Edad Media hispana y, entre otras, a la obra del mismo título *Barlaam e Josafat* (s. XIII),

---

[3] *Ibidem.*

[4] «Cuando Amor vio que yo había huido / de sus debilidades y mi corazón estaba a salvo, / de pronto empezó a hablar conmigo / y a amenazarme y enfrentarse a mí: / "Thiébaut, ¿cómo llegaste, más tímido / que todo a escapar de mí / en esta estación del año?" // "Oh, tengo muchos motivos, Amor, / para salir lejos de ti. Porque no veo / a ninguna por la que me superara tanto / y solo quiero que no me hagas nada. / Tú eres la floreciente, yo el triste / y demasiado débil para llegar a tu altura / (¡si alguna vez la gracia de Dios obrara en mí!)." // "Thiébaut, oh, que quisieras cantar / y no llorar; porque cuando cantas, estoy conmovido / y dulcemente asustado y a punto de llorar / y tan excitado por ti en mi fuero interno. / No me exasperes. ¿No has pensado, / Thiébaut, que uno no puede mirar desde arriba / a uno que vence imperios enteros?" // "Oh, Amor, no me cubras así con tu ira. / A los demás los elevas rápidamente, / yo solo siento tus espinas, / los demás florecen, yo solo tengo tortura. / Como un ciego que con su bastón toquetea / penosamente, no pude encontrarte a ti, / confuso / inextricable. Y eso que tu nombre suena tan claro." // Coda // "¿Cómo, Thiébaut, no volverás nunca conmigo?" / "No, jamás, Amor, porque en este caso / de peligro y temores yo estaría en ti solamente // como en una prisión, y cualquier cosa / que hiciera por ti, se volvería contra mí, hasta que todo / terminaría en que me perdiera en ti."».

peculiar versión de la vida de Buda que, junto con *Calila e Dimna* y el *Sendebar*, se inscribe dentro de la literatura sapiencial y gnómica, pero cuya materia, además, el propio Lope de Vega habría de retomar para su pieza teatral igualmente titulada (*Barlaan y Josafat*, 1611), poco tiempo después de que Juan de Arce y Solorzeno tradujese del latín (Madrid, 1608) *La historia de los dos soldados de Cristo, Barlaan y Josafat*. Como nos indica Patricia Cañizares:

> Durante la Edad Media uno de los tópicos más recreados fue el de la defensa de la fe cristiana en sus diferentes formas, ya fuera como apología de la religión o en forma de *disputatio Fidei*; éste es el caso de la famosa *Apología de Arístides* dirigida al emperador Adriano que se recoge en la redacción griega de la novela de *Barlaam y Josafat*. La novela, además de transmitir una apología de la fe cristiana como la mencionada, incluye dentro del relato-marco de la vida de los santos Barlaam y su discípulo Josafat una serie de cuentos y *exempla* que contribuyeron a la difusión de la obra tanto en el mundo profano como en el eclesiástico. Esto, unido sin lugar a dudas a que su autoría durante siglos ha estado atribuida a un Padre de la Iglesia, San Juan Damasceno, provocó que en el s. XIII se comenzara a difundir la obra por casi todo Occidente a través de copias y traducciones, y que ya en el s. XVI se convirtiera en un arma defensora de la validez de la vida monástica y del libre albedrío frente a la doctrina luterana. Éste es el contexto en el que Juan de Arce Solorzeno publica en 1608 la traducción del latín de la *Historia de los dos soldados de Christo, Barlaan y Iosafat* (Madrid, Imprenta Real 1608). (Cañizares, 2000: 260)

Es cierto, como señala Patricia Cañizares, que la obra fue ampliamente divulgada. En palabras de Severino Carnero Burgos, autor de una de las ediciones críticas de la versión castellana:

> Se puede decir que no hay ni una sola lengua de nuestro entorno cultural que no posea alguna versión del Barlán –o, más antiguas, diferentes adaptaciones de la vida de Buda: maniqueas, árabes, etc.–; las encontramos en: georgiano, árabe, griego, latín, en todas las lenguas romances, en muchas lenguas eslavas y escandinavas, en las lenguas germánicas. (Carnero Burgos, 1990, tomo I: 7)

A pesar de esta amplia presencia del *Barlaam e Josafat* en tantas y tan alejadas culturas, la vinculación de esta materia particularmente con la península ibérica resulta manifiesta y así recuerda E. Levi:

> che nelle altre letterature costituisce un elemento aneddotico, nella penisola iberica rappresenta invece una tradizione costante, nella quale confluiscono atteggiamenti particolari dello spirito spagnolo.[5]

---

[5] «Que en otras literaturas constituye un elemento anecdótico, en la península ibérica representa una tradición constante, en la que confluyen actitudes particulares del espíritu español.». Esta afirmación de

En efecto, el asentamiento de la materia en España es muy significativo: existen tres versiones medievales de la obra, todas del siglo XV (*Libro de la vida de Barlán e del rrey Josaphá de India, Libro del bienaventurado Barlán e del Infante Josaffa, fijo del rey Avenir*, y *La estoria del rey Anemur e de Iosaphat e de Barlaam*, esta última, la más difundida por tratar la vida de los héroes con mayor extensión [cf. Carnero Burgos, 1990: 42-43]); está relacionada textualmente –y no solo por pertenecer a la literatura gnómica o sentencial– con obras hispanas más conocidas, como *Calila e Dimna* o *Sendebar*[6], así como con obras de Ramón Llull (*Libro del gentil y de los tres sabios*, y *Blanquerna*), de Don Juan Manuel (*Conde Lucanor* y *Libro de los Estados*), y con obras anónimas tan conocidas como el *Libro de los gatos*, el *Caballero Zifar* o el *Libro de los enxemplos por a. b. c.* (vid. Carnero Burgos, 1990: 50-55); en realidad, como afirma S. Carnero Burgos, «rara es la obra medieval española –y europea– e incluso de siglos posteriores, en la que no aparezca alguno de los *enxiemplos* del Barlán» (Carnero Burgos, 1990: 50)[7]. Sobrepasada ya la Edad Media, hay multitud de versiones de la obra[8], que llegan prácticamente al siglo XIX, siendo la más significativa la ya señalada de Lope de Vega[9], «de la que procede el núcleo del primer acto de *La vida es sueño* de Calderón» (Impey / Keller (1979: XXXVII).

Es cierto que el poema de Lernet-Holenia no desarrolla la materia del *Barlaam*[10] (no se trata de un poema narrativo, sino lírico), que se centra en los sentimientos experimentados por Josafat –o por alguien que se identifica con él–, ante situaciones que le revelan el sufrimiento y la muerte, y que, de no ser por el título, no lo podríamos relacionar con el referente medieval. Veamos el poema:

---

Levi aparece en una reseña publicada en *Studi medievali*, 2-3 (1929-1930), p. 345. El libro reseñado constituye, todavía hoy, un estudio imprescindible para la presencia de la materia del *Barlaam* en España y Portugal, se trata de la obra de Gerhard Moldenhauer (1929).

[6] Para la relación de estas obras con el *Barlaam*, véase Carnero Burgos, 1990: 23-26.

[7] Sobre la presencia del *Barlaam* en la literatura medieval, véase Aguirre (1988).

[8] S. Carnero Burgos califica de imposible «intentar abarcar, con una cierta profundidad, todas las ediciones del Barlán y todas aquellas obras en que directa o indirectamente ha influido nuestro libro…: esto sería, por sí mismo, tema suficiente para una tesis doctoral…» (Carnero Burgos, 1990: 37).

[9] No debe olvidarse la especial admiración que despertó Lope de Vega en la literatura de Austria, influyendo directamente en autores tan significativos como Franz Grillparzer (1791-1872), recuérdese su revisión de *La judía de Toledo* (*Die Jüdin von Toledo*, 1851), o Hugo von Hofmannsthal (1874-1929), cuya influencia lopesca es más difusa, pero igualmente significativa.

[10] A. D. Deyermond la resume así: «un joven príncipe queda protegido del conocimiento de la muerte hasta que va encontrando sucesivamente a un anciano, un cadáver y un ermitaño asceta; aprende entonces virtud y sabiduría y contempla al mundo a su auténtica luz» (Deyermond, 1987: 181).

## BARLAAM UND JOSAPHAT

Als hätte er zu viel Gesichter vor
dem Kopfe hängen (seine Augen fanden
kaum durch) verschwammen sie im Blick und standen
wie Fächerkleinod aus dem Hals empor.

Er, schwankender vor Alter, blieb nicht mehr
im Haupt, lebt in sich zurückgekrochen.
Sein Schauen blieb zurück seit vielen Wochen,
sah das Gesicht erst, wenn der Kopf schon schwer

nach vorne fiel, aufsteigend weiter
zurückfliehn. Und bei jeder Regung stießen
die Blicke, innen, an das Hohle an.

Aber in diesem Aufwand, der bereiter
als je zu einem Tode war, in diesen
zehnfachen Landschaften im Blick, begann

ein Mensch, in seine Einsamkeit zu kommen,
bemüht, daß er mit jeder Regung rührend
an kindhaften Erinnerungen trüg:

da weinte er dem schon entgegen, spürend,
dieses sei Josaphat. Für ihn gekommen,
daß er ihn in Erd wie in ein Sterbhemd schlüg. [11]

(Lernet-Holenia, 1989: 172)

Aun a pesar de lo poco que se concreta el referente medieval, el poema –siquiera de manera implícita– sí permite adivinar algún motivo que nos remite a la obra antigua o, más seguramente, a sus plasmaciones posteriores (latinas, hispanas o de

---

[11] «Como si tuviera demasiadas caras / colgadas delante de la cabeza (sus ojos / apenas las penetraban) se difuminaron ante su mirada y / sobresalieron de la garganta a la manera de un abanico valioso. // Él, tambaleante por la edad, no se quedó / dentro de la cabeza, vive recluido en sí mismo. / Su mirar quedó rezagado desde hace muchas semanas, / vio la cara solo cuando la cabeza, pesada, // cayó hacia delante, cómo seguía huyendo / hacia atrás subiendo. Y con cada movimiento / las miradas, dentro, chocaban con lo hueco.// Pero en medio de este despliegue, que más que nunca / estaba preparado para una muerte, en estos / paisajes diez veces repetidos en la mirada, empezó // un hombre a entrar en su soledad, / esforzándose para que con cada movimiento / llevara, conmovido, memorias infantiles: // entonces lloró a su encuentro, sintiendo / que esto era Josaphat. Venido por él / para que lo envolviera en tierra como en una mortaja.».

otras muchas culturas a las que se traspasó, como ya se ha dicho). En el ámbito hispano, que aquí nos interesa, esas «demasiadas caras / colgadas delante de la cabeza» («zu viel Gesichter vor / dem Kopfe hängen»), pueden hacer alusión a las representaciones del sufrimiento, que el padre del entonces príncipe Josafat quiere evitarle a su hijo[12], y que se manifiesta a este por medio de la visión de tres personas miserables, visión que, por tanto, rompe las precauciones paternas. Así nos lo resumen Olga T. Impev y John E. Keller en su introducción a la edición crítica de la obra:

> A pesar de todas estas precauciones, un día Josafat ve a dos infelices, uno ciego y el otro gafo, y así llega a conocer la enfermedad y sus consecuencias. Pasados algunos días, al salir nuevamente del palacio, el príncipe vio un viejo escuálido «aviente la cara congojada por muchedumbre de días e soltados los braços e encorvados ayuso e cano en toda la cabeça e caresçiente de dientes e fablando tartamudamente» (ms. S, 138b). Al contemplarle, el príncipe aprendió que todos los seres humanos, si no mueren prematuramente, son presa de la vejez. [...] La meditación acerca de los encuentros y de la vana vida terrenal sumergió a Josafat en una honda melancolía. (Impey / Keller, 1979: XIV)

A partir de estos encuentros, puede decirse que Josafat «entra en su soledad» («ein Mensch, in seine Einsamkeit zu kommen»), pues acaba renunciando al trono y haciéndose anacoreta, como su maestro y mentor Barlaam, muriendo en la cueva donde había vivido sus últimos años, «envuelto en tierra como en una mortaja» («dass er ihn in Erd wie in ein Sterbhemd schlüg»):

> E luego dio su spiritu a Dios que lo avya criado e era Suyo. E supolo luego por Spiritu Sancto el sancto monge que le avya dado a los sanctos sacramentos; e fuese luego para la cueva de Josapha e fallo aquel sancto cuerpo e canto los psalmos que avya acostumbrados de decir cada dia e la ledania; e soterrolo en el lugar onde fuera soterrado Barlan. (*Barlaam e Josafat*, 1979: 346)

El poema de Lernet-Holenia, por tanto, sí conserva veladas alusiones a su referente gnómico medieval.

Otro poema con un título sugerente, a los efectos del presente estudio, es el de "Escuela española" ("Spanische Schule"), inscrito en el libro *El secreto de San Miguel* (*Das Geheimnis Sankt Michaels*, 1927). El título del poema, en realidad, hace

---

[12] Así se recogen en el texto los mandatos del padre de Josafat para ocultar el sufrimiento a su hijo: «[...] e mandoles que le non dexiesen nin mostraresen ninguna de las cosas que fazian a los omnes entristecer, nin le feziesen entender que cosa era muerte, nin enfermedat, nin vegedat, nin pobreza, nin otra cosa de que oviese tristeza nin le podiese fazer menguar la su alegría; mas que le mostrasen todas cosas alegres e deleyctosas por que mejor se podiese alegrar el su coraçon e deleytarse, e que non le dexasen pensar en alguna cosa de las que son por venir» (*Barlaam e Josafat*, 1979: 24). Citamos por el manuscrito P (de la antigua Biblioteca del Palacio y hoy en la Biblioteca Universitaria de Salamanca), el más extenso de todos, que suele ser datado a finales del siglo XIII y donde la historia de *Barlaam* lleva por título *El libro de Berlan e del rrey Josaphat de India*.

alusión a la Escuela Española de Equitación (Spanische Hofreitschule), que promulga la doma clásica y que está instalada en el Palacio de Hofburg, en Viena (en una de cuyas alas vivió y murió precisamente Lernet-Holenia), desde 1735, aunque el primer edificio para albergar la escuela data de 1572. Los caballos lipizanos (de Lipica, en la actual Eslovenia), que se utilizan actualmente, sustituyeron a los de origen español y en su exhibición realizan distintos movimientos, siempre acompañados por la música clásica. El poema, por tanto, puede relacionarse con los orígenes hispanos de esta institución vienesa, puesto que recrea los movimientos ecuestres –en principio, y en parte, heredados de España–, y dice así:

### SPANISCHE SCHULE

So geht dir nicht der Augenaufschlag heute
des schönsten Sohns einer Geliebten nah,
wie dieser Söhne dunkeläugiger Bräute
aus kaiserlicher Zucht von Lippiza.

Auf der Tribüne Musik! Und ein Wiehern, eine Gebärde
lieblichen Rossehaupts greift dir ans Herz, und, ach,
all der Aufblick ist deiner eigenen, längst toten Pferde
plötzlich im Auge von diesen wach.

(Schritt:)

Noch im Schritt (bei aufgesessenen Reitern) knistert
das Haar von Mähnen und Schweifen; nur manchmal, daß
ein Kopfzeug klirrt, eine seidene Deck flüstert
und schnaubt der Nüstern rosensamtenes Naß,

und die Beine spielen zarter als Lanzenschäfte,
und unter dem Fell der Schultern springt es an
und läuft wie Mäuschen. Aber ihre Kräfte
sind härter als ein alter Auerhahn.

(Spanischer Trab:)

Dann fallen sie, als schwänge Wind in Blumenbeeten,
alle zusammen aus in den berühmten Trab
und schaun, bei ihrem übertriebnen Untertreten,
fast aus, als fielen sie nach rückwärts ab

und sammelten: sich selber an in ihren Haken
zum Sprunge, und, vom Schweiß, mit schäumendem Geräusch
von eingeseifter Seide gehn die Hinterbacken,
der riesigen Kruppen silberfarbnes Fleisch

(Galopp:)

Aber wie hold wird das alles! Wie leicht! Wenn sie erst galoppieren,
ist's nicht, als hätten sie von Offiziersfraun ein Kind
einzulullen mit Eiapopeia im Feldzug auf ihren
Rücken genommen, und schaukeln die Reiter wie Wiegen im Wind?

(Schulen über der Erde; vornehmlich: Lançaden:)

Und beim Mezair und zumeist beim Lancieren schauen sie alle
Aus in der Reitschul', als spräng' eine volle Zucht
Kaninchen hin und her in ihrem Stalle,
und schon hebt einer seine ganze Wucht

(Die Kapriole:)

in die Levade, die erste von den Stufen
zur Kapriole, springt ab vom Boden, nur
mit ganz zum Bauch gezogenen Hinterhufen
(– das Zweite in der fürstlichen Figur –),

um dann, und ohne daß dir auch nur eine
geringste Hilfe zu bemerken blieb
(schimmernder als zwei weiße Mädchenbeine),
scharf auszuschlagen wie ein Peitschenlieb.

(Refrain zur Wiederholung der Figuren:)

Eine Farbe, ein rieselnd Gewieher, eine Gebärde
Ihres lieblichen Haupts greift dir ans Herz, und, ach,
all der Aufblick ist deiner eigenen, längst toten Pferde
wieder im Auge von diesen wach! [13]

(Lernet-Holenia, 1989: 268-269)

---

[13] «No te emociona tanto el pestañeo hoy / del hijo más bello de una amada, / como el de estos hijos de novias de ojos oscuros / de la cría imperial de Lipiza. // ¡En la tribuna música! Y un relinchar, un gesto / de una preciosa cabeza de caballo te toca el corazón, y ¡ay! / todas las miradas reflejan de pronto,

También resulta sugerente el título de un poema de temática hispana que encontramos en el libro *La horda de oro* (*Die goldene Horde*, 1935). Se trata de "Compositor neomexicano de canciones ligeras"[14] ("Neumexikanischer Schlagerkomponist"), donde parece narrarse –en el marco de una ronda musical nocturna– un encuentro luctuoso con resultado de muerte, como si de un trágico corrido mexicano se tratase. Dice así el poema:

---

en el ojo de estos, / las de tus propios caballos muertos tiempo ha. // (Paso:) // Incluso al paso (con el jinete montado) cruje / el pelo de crines y colas; es solo a veces que / cliquea una brida en la cabeza, una manta de seda susurra, / y resopla la humedad rosada aterciopelada de los ollares, // y las patas juegan más delicadas que palos de lanza, / y debajo de la piel de los hombros salta / y corre como un ratoncito. Pero sus fuerzas son / más duras que un viejo urogallo. / (Trote español:) // Luego inician, como si el viento meciera los arriates de flores, / todos juntos el famoso trote, / y con estos pasos exagerados que dan por debajo / parece que casi se caen hacia atrás // y se recogieran: a sí mismos en sus ganchos / para saltar y, del sudor, con ruido espumoso / de seda enjabonada se agitan las ancas, las grupas gigantescas de carne color plata. // (Galope:) // ¡Pero qué lindo se va haciendo todo! ¡Qué ligero! Cuando por fin galopan, / ¿No es como si hubieran cogido sobre su lomo un niño de mujeres de oficial / para dormirlo con una nana en la campaña, / y balancean a los jinetes como cunas al viento? // (Figuras encima de la tierra; especialmente: lanzadas:) // Y durante el *mezair* y sobre todo en las lanzadas / en la escuela ecuestre todos parecen / como si una completa camada de conejos saltara / de un lado a otro en su conejera, / y ya uno mete todo su ímpetu // (La cabriola:) // en la levada, el primer peldaño / que lleva a la cabriola, salta desde el suelo, solo / con las pezuñas traseras encogidas totalmente hacia el vientre / (- el segundo en esta figura principesca-) // para luego, y sin que pudieras notar / ni la más mínima ayuda / (más relucientes que dos piernas blancas de muchacha), / dar una fuerte coz como un latigazo. // (Refrán para repetir las figuras:) / Un color, un relinchar que corre, un gesto / de su linda cabeza te toca el corazón y, ay, / toda la mirada de tus propios caballos, muertos tiempo ha, / se vuelve a despertar en el ojo de estos.».

[14] Hemos traducido el término original, "Schlager" por "canción ligera". Lo cierto es que la denominación *Schlager* tiene un largo recorrido semántico, que J. F. Fernández Martínez resume así: «El término *Schlager* en sí aparece por primera vez en el año 1869, en una obra de teatro vienesa de Friedrich Kaiser titulada "Was ein Weib kann". [...]

En el año 1881 vuelve a aparecer en la prensa vienesa, aplicado esta vez a ciertas melodías pegadizas procedentes de la opereta, que entusiasmaban por entonces al público [...]. A finales de siglo el término ya es usado en Alemania para referirse a una pieza musical de éxito.

Pero en el período comprendido entre 1900 y 1918 se produce un primer cambio semántico, una ampliación, y el vocablo se aplica a todas aquellas canciones que han sido reclutadas de distintos géneros de la música ligera, independientemente ya de su éxito. La concepción de *Schlager* como sinónimo hasta ahora de éxito retrocede frente a la concepción del mismo como género.

Tras 1918 se ha demostrado que este concepto pasó paulatinamente de ser un *Erfolgsbegriff* [concepto de éxito] a convertirse en un *Gattungsbegriff* [concepto de género] designando cualquier melodía procedente de cualquier género musical, especialmente de la música ligera» (Fernández Martínez, 2005: 80-81).

## NEUMEXIKANISCHER SCHLAGERKOMPONIST

Im Abendanzug zu stehen
am offenen Fenster bei Nacht!
Ist auch nicht ein Wehen
noch vom Meer erwacht,
ewig blitzt es wie Flitter,
und er träumt vor sich hin.
Unten am Gartengitter
wartet einer auf ihn

und lauert, weil sie einander
hassen, und Blatt um Blatt
weidet am Oleander
sich sein Maultier satt.
Wo immer der oben gekommen,
war es für ihn zu spät,
ob er ihm Consuelo genommen
oder Winifred.
Doch hat er sie auch verloren,
bleibt ihm doch noch sein Stolz,
seine Silbersporen
und die beiden Colts.

Das Haus gehört bald einem Toten,
denkt er. Ich schieße ihn ab!
Der oben schreibt noch ein paar Noten,
dann kommt er die Treppe herab.
Im Patio plätschert ein schöner
Brunnen über den Fels.
Er will noch in eines jener
Fabelhaften Hotels.

Mondenlicht, das blasse,
träumt über der Au.
Auf die staubige Straße
tritt er und weiß genau
– ist auch alles wie Seide
sanft, und kein Lufthauch bebt –,
wie der andre jetzt beide

schweren Revolver hebt,

daß die Läufe funkeln,
doch mit den Händen in
den Taschen geht er im Dunkeln
pfeifend vor sich hin.
Wo immer die beiden sich trafen,
siegte der Augenblick,
und der andre stößt fluchend die Waffen
in die Halfter zurück.

Wollte ihn Gott auch nicht retten,
ging es doch ohne ihn.
Bei Honigzigaretten
warten Freunde auf ihn.
In seinen kühnen Gedanken
Ist er ich weiß nicht wer.
Geisterschiffe schwanken
Auf dem Karibischen Meer.[15]

(Lernet-Holenia, 1989: 307-308)

---

[15]«¡Quedarse, vestido con traje de noche / en la ventana abierta por la noche! / No se ha despertado todavía ninguna brisa / que viniera del mar, / eternamente centellea como lentejuelas, / y se entrega a sus sueños. / Abajo en la verja del jardín / Alguien le está esperando // y está al acecho porque se odian / mutuamente, y hoja por hoja / pace en la adelfa / su mula saciándose. / Allá donde fuera el de arriba, / siempre llegó tarde, / que le hubiera quitado Consuelo / o Winifred. / Pero aunque las haya perdido, / le queda su orgullo, / sus espuelas de plata / y los dos *colts*. // Pronto la casa será propiedad de un muerto, / piensa. ¡Yo le voy a matar de un tiro! / El de arriba escribe todavía unas notas, / luego baja las escaleras. / En el patio murmura una bonita / fuente por encima de la roca. / Quiere darse una vuelta por uno de estos / maravillosos hoteles. // La luz de la luna, pálida, / sueña sobre la vega. / Sale a la polvorienta calle / y sabe perfectamente / –por mucho que todo esté como la seda / tan suave y no se mueva ni un aire–, / cuando el otro ahora levanta los dos / pesados revólveres, / que los cañones brillen, // pero las manos en los bolsillos en la oscuridad, / se encamina silbando. / Donde sea que los dos se hubieran encontrado, / el momento salió vencedor, / y el otro vuelve a meter las armas / en las pistoleras, maldiciendo. // Aunque Dios no quisiera salvarlo, / se podría prescindir de él. / Fumando cigarros de miel, / los amigos le esperan. / En sus pensamientos audaces / se convierte en no sé quién. / Buques fantasma se tambalean / En el mar del Caribe.»

Hemos comparado anteriormente el poema de Lernet-Holenia con la letra de un corrido y, a este respecto, conviene recordar aquí que dicha modalidad musical constituye una suerte de *Schlager* genérico que puede definirse así, siguiendo a Vicente T. Mendoza:

> El corrido es un género épico-lírico-narrativo, en cuartetas de rima variable, ya asonante o consonante en los versos pares, forma literaria sobre la que se apoya una frase musical compuesta generalmente de cuatro miembros, que relata aquellos sucesos que hieren poderosamente la sensibilidad de las multitudes; por lo que tiene de épico deriva del romance castellano y mantiene normalmente la forma general de éste, conservando su carácter narrativo de hazañas guerreras y combates, creando entonces una historia por y para el pueblo. Por lo que encierra de lírico, deriva de la copla y el cantar, así como de la jácara, y engloba igualmente relatos sentimentales propios para ser cantados, principalmente amorosos, poniendo las bases de la lírica popular sustentada en coplas aisladas o en series.
>
> La jácara, a su vez, le ha heredado el énfasis exagerado del machismo, las balandronadas, jactancias, engreimiento y soflama, propios de la germanía y en labios de jaques y valentones. Marca de este modo una faceta de la idiosincrasia mexicana aún no estudiada a fondo. (Mendoza, 1984: IX)

Establecido el género musical, conviene tener en cuenta la taxonomía, puesto que el corrido puede clasificarse de distintos modos. Parece que el tipo más cercano al poema de Lernet-Holenia es el que Vicente T. Mendoza, atendiendo a los asuntos que se tratan, denomina *Tragedias pasionales*, y que describe así:

> Como *tragedias pasionales* forman núcleo aquellos casos típicos en que el amor es la verdadera causa de la tragedia, interviniendo, además, el orgullo varonil que no tolera humillaciones ni desprecios. En ellas aparecen casos de mujeres causantes del crimen por enredar en sus mallas a varios hombres. Este tipo de corrido es de los que gustan más al pueblo y en sus expresiones encierra rasgos característicos de la psicología del mexicano. (Mendoza, 1984: XL)

Como ejemplo de "tragedias pasionales", Vicente T. Mendoza elige varias letras de entre las que reproducimos aquí la siguiente, para que se puedan apreciar las características taxonómicas señaladas y, asimismo, podamos valorar las similitudes con el poema de Lernet-Holenia. Se trata del corrido titulado "Los dos hermanos", que dice así:

## LOS DOS HERMANOS

Éste es el nuevo corrido  
que yo les vengo a cantar  
de dos hermanos muy buenos  
que tuvieron que pelear.

Juan Luis uno se llamaba  
y el otro José Manuel  
y empezaron las discordias  
por una mala mujer.

Iba Juan Luis a una fiesta  
con la mujer que quería,  
esto presente lo tengo,  
el año treinta corría;

y en eso llegó su hermano  
con la guitarra en la mano,  
y empezó cantando versos  
como retando a su hermano.

–Mira, Juan Luis, que te digo  
que esa mujer ya fué mía.  
–No tengo la culpa, hermano,  
eso yo no lo sabía.

A su muy buena pistola  
José Manuel echó mano,  
de dos balazos mató  
a la mujer de su hermano.

–José Manuel, lo que has hecho  
hoy mismo te va a pesar,  
mataste lo que quería,  
con tu vida has de pagar.

Se salieron para afuera  
y se oyeron dos disparos,  
y en el quicio de una puerta  
los dos hermanos quedaron.  
(Mendoza, 1984: 331-332).

Lernet-Holenia no pretende hacer de su poema la letra de un nuevo corrido, y mucho menos en alemán, aunque sí utiliza –como es propio en el corrido– una división estrófica con rima pareada que acerca su poema al romance castellano, una de las raíces del corrido, como se ha señalado. Además, sí parece acercarse a las "tragedias pasionales" que conforman el argumento de una parte de ellos (y que ejemplifica "Los dos hermanos", tal y como acabamos de ver[16]). El argumento presenta el enfrentamiento a muerte entre dos hombres, motivado por la pérdida –por parte de uno de ellos–, de la mujer amada («Consuelo o Winifred»), arrebatada por el otro; «pero aunque las haya perdido, le queda su orgullo» y es este el que le lleva a matar a su oponente («¡Yo lo voy a matar de un tiro!»). «El orgullo varonil que no tolera humillaciones ni desprecios», así como el machismo, también consustancial al género mexicano, están igualmente y claramente presentes en el texto alemán. La vinculación, por tanto, resulta evidente.

---

[16] Una temática muy semejante puede verse también en el relato de Borges *La intrusa* (1966), incluido primero en la segunda edición de *El Aleph* y posteriormente en *El informe de Brodie* (1970), con la salvedad de que en este relato es la mujer, amada por los dos hermanos, la que resulta muerta por uno de ellos (cf. Borges, 2019: 353-357).

El último poema en que aparece una alusión al mundo hispano lo encontramos en el libro *El fuego*. Se trata de la loa "A Austria" ("An Österreich"), que comienza con una invocación al poder que ostentó esa nación, antes de que lo hicieran otros países, entre los que se menciona a España:

> Du *warst* es. Ja, du warst einst Deutschland, warst
> das Reich, du warst die Welt. Es neigten sich
> die Länder in den Staub vor dir, es beugten
> sich Spanien, Italien, Burgund,
> Brabant und Flandern. [...][17]
> (Lernet-Holenia, 1989: 515)

Por los ejemplos aquí reproducidos, puede verse que en la poesía de Lernet-Holenia está presente el mundo hispano –siquiera de manera más o menos anecdótica–; pero esa presencia irá incrementándose con el tiempo y se hará más evidente en otros géneros literarios, como el teatro o la narrativa (novela, relatos breves, historias de almanaque...), de lo que se dará muestra en las páginas siguientes.

---

[17] «Tú lo *fuiste*. Sí, una vez fuiste Alemania, fuiste / el imperio, tú fuiste el mundo. Se inclinaron / los países en el polvo ante ti, se inclinaron / España, Italia, Borgoña, / Brabante y Flandes. [...]».

## 4. El teatro

C omo en el caso de su poesía, Lernet-Holenia fue también un precoz y diligente autor teatral. Su primera obra de este género, *Demetrius*, data de 1925, y, desde ese año, fueron apareciendo –con una sorprendente regularidad– treinta y una nuevas piezas hasta llegar a 1965, aunque, después de fallecer el autor, en 1976, se llevaron a la escena nuevas adaptaciones escénicas, bien de sus relatos[1], como *El barón Bagge*, bien de su propia obra teatral, como *Olla podrida*, adaptada y traducida al húngaro por Antal Konrad (*Ollapotrida / Mindent Bele*, 2007). Pese a esta dedicación teatral propia, suele citarse siempre la obra *La oportunidad hace el amor*, también denominada *Quiproquo*, por el hecho de haber sido escrita junto con el mucho más conocido autor Stefan Zweig (1881-1942), mientras que, hoy en día, queda injustamente oscurecido el resto de su producción, sobre todo, a favor de su narrativa.

Teniendo en cuenta el constante interés de nuestro autor por la cultura hispana, cabe suponer que esta no permanezca ausente del género teatral, que tanto cultivó. En efecto, leves alusiones y referencias pueden encontrarse en diversas obras, como *Puertas de cristal* (*Glastüren*, 1939), donde aparece un personaje llamado María del Pilar (cf. Lernet-Holenia, 1965a: 7 y *passim*) por poner un solo ejemplo. Llama la atención, no obstante, la pieza teatral en un acto, cuyo título, *Lepanto*, se completa con la indicación del año entre paréntesis: (1571). Parece claro que ha de tratar de la batalla naval bien conocida y claramente relacionada con la historia de España, no solo por la participación de nuestro país en la liga católica que se enfrentó con el imperio otomano, sino porque la armada católica iba al mando de Don Juan de Austria, y por la presencia en ella de Miguel de Cervantes. Pues bien, pese al horizonte de expectativas que estas circunstancias crean en el lector, la obra pone en escena únicamente a dos galeotes, Themer y Saint-Remy, este último, matemático de la corte de Francia –con el añadido de un coro de oceánidas–, que expone sus teorías

---

[1] Ya antes de su fallecimiento, habían aparecido adaptaciones teatrales –de la mano del propio autor– de los relatos *Las aventuras de Kascha* (*Die Abenteuer der Kascha*, 1934), a partir de la novela *Las aventuras de un joven caballero en Polonia*, de la que hablaremos más adelante, *La oficina de impuestos* (*Das Finanzamt*, 1956) y de *El gabinete de oro* (*Das Goldkabinett*, 1956), a partir de los relatos homónimos, esta última adaptación, con el pseudónimo de G. Montebachetta.

estelares y planetarias justamente la víspera de la batalla; no hay, por tanto, referencia alguna a la cultura española, más allá del marco belicoso de la conversación (cf. Lernet-Holenia, 1946b: 75-197). Pero algunas otras obras sí tienen una plena inserción en el ámbito cultural hispano –fundamentalmente, español– como es el caso de las que pasamos a estudiar a continuación.

### 4. 1. *Comedia española*

El título de la pieza resulta ya suficientemente elocuente, y también el interés que la materia despertó en el autor, puesto que hizo tres versiones utilizándola: las dos primeras, teatrales, con el mismo título de *Comedia española*, y la tercera, transcodificando el argumento hacia el género novelesco, con el título de *El joven Moncada*, novela de la que hablaremos más adelante, en el capítulo correspondiente.

La primera pieza teatral así denominada apareció en 1948 y, en el propio título, llevaba la indicación del número de actos: *Comedia española en tres actos* (*Spanische Komödie in drei Akten*). A continuación del título, viene un paratexto en el que se dedica la obra a la persona que dio a conocer esa materia al autor:

> Für
> KURT HIRSCHFELD,
> dem ich das Thema
> dieser Komödie verdanke[2]
> (Lernet-Holenia, 1948: 7)

Parece, por tanto, que alguna vinculación con la realidad pudo tener la materia, pero sigamos con las páginas iniciales: la acción se sitúa en Buenos Aires y en Madrid, en la época actual ("Zeit: Gegenwart") y cuenta con la siguiente relación de personajes:

> MONCADA
> CORTES
> JUAN
> ALVAREZ
> ANTONIO
> DER PATRON
> EIN ZIMMERKELLNER
> RAFAELA

---

[2] «Para KURT HIRSCHFELD, / a quien le debo el tema / de esta comedia».

BEATRIZ
EINE DUENNA
(Lernet-Holenia, 1948: 9)

Como se ve, todos los personajes tienen nombre hispano, salvo las indicaciones en alemán de las profesiones que algunos desempeñan (El patrón, Un camarero y Una dueña). A continuación se resume el contenido.

El primer acto se sitúa en un pequeño hotel de Buenos Aires, donde el joven Juan Moncada y su supuesta esposa, Rafaela, hablan con el Patrón sobre sus facturas semanales sin pagar; este les dice igualmente que sabe que no están casados, a pesar de haberse registrado como matrimonio y les da tres días de plazo para pagar la deuda o abandonar el hotel. Al poco tiempo se presenta un tal Cortés, para hablar con Juan –al que identifica como el hijo del Conde Moncada– en nombre de su padre. Juan, en principio, niega ser conde y habla de una confusión, pero Cortés le insiste en que viene en nombre de su padre, Guillermo Moncada (piensa que Juan ha huido con Rafaela del rechazo de su padre a su relación, puesto que su pareja es una actriz), y Juan acaba por aceptar la identidad que se le atribuye. Cortés habla de las consecuencias de esa relación, que están por encima de los sentimientos, y Rafaela renuncia a su compromiso con Juan, ante las protestas de este y la admiración de Cortés por su actitud, que le da un cheque a la joven, que acaba por coger no sin reticencias. Los jóvenes se despiden, Rafaela abandona el hotel y Cortés le promete a Juan una nueva vida y paga las deudas del hotel, que ha de abandonar al día siguiente, al parecer, para regresar a España.

El segundo acto se sitúa ya en Madrid, en la residencia del conde Guillermo Moncada. Tras ponerse en evidencia el estado financiero ruinoso del conde, que vive de préstamos e hipotecas, se presenta Juan solicitando ver al conde, que lo recibe y, ante la hilaridad de este, le cuenta su vida (entre otras cosas, cómo se hizo pasar por su hijo en Argentina, para que el embajador les adelantara dinero a él y a su novia y cómo esta se fue con el dinero); después le propone que lo acepte como su hijo, lo que supondría claras ventajas para ambos, puesto que ahora está prometido con la joven Beatriz Pereira, que conoció en la travesía marítima de regreso a España, y que pertenece a una de las familias de mayor poder económico de España. Juan se hizo pasar, ante ella, por hijo del conde, con el que comparte apellido, de modo que el matrimonio de ambos beneficiaría a Juan y sacaría de problemas financieros al conde. Tras mostrarse reticente en principio, el conde acaba por aceptar la propuesta, acoge a Juan como su hijo, largo tiempo perdido, y les da la bendición a ambos, Juan y Beatriz, que, mientras tanto, esperaba en la antesala.

El tercer y último acto tiene lugar también en casa del conde Moncada, unas semanas después, el día previo a la boda. Juan ya está instalado en la residencia, como hijo del conde y las finanzas de ambos van bien, porque ya tienen crédito. De pronto, se presenta en la casa Rafaela, que ya ha regresado de Buenos Aires y, conocedora de la nueva vinculación de Juan con el conde, y de su situación económicamente desahogada, pretende casarse con él, amenazando con descubrir su verdadera situación a su prometida Beatriz y a su familia. Solo después de un largo debate, en el que se deja claro que Juan será rico solo si se une con Rafaela, esta ceja en sus intentos de chantaje y ve con buenos ojos una relación con Álvarez, el encargado de las finanzas del conde y que tiene una buena situación económica por sí mismo (de hecho, le había prestado anteriormente sumas de dinero), y con quien acaba comprometiéndose. Beatriz, que había sido llamada por su prometido para descubrirle toda la verdad, se declara ya conocedora de ella –de la verdadera identidad de Juan y de su situación económica–, y el amor entre ambos y su sinceridad mutua supera los inconvenientes.

La obra, recordémoslo, tiene lugar en una época coetánea a la de su publicación, el año 1948, es decir, de la España de Franco. Y el argumento, como se ha visto, presenta una suerte de trama picaresca –en la más genuina tradición española–, en la que tanto Juan Moncada, como su ulterior padre adoptivo, luchan por la vida valiéndose de medios no siempre lícitos. En esta tesitura, cabe destacar algunos datos, por ejemplo, la alusión, por parte del patrón del hotel de Buenos Aires (en el primer acto), a que Argentina es un país libre –independiente de España, a donde perteneció, pero también políticamente, ya que esta vive bajo una dictadura–:

> Der Patron: Ihrer Aussprache zufolge halte ich Sie nicht für einen Argentinier, sondern für einen Spanier. Dennoch dürfte Ihnen aufgefallen sein, daß wir hier schon seit geraumer Zeit in einem freien Staate leben.[3] (Lernet-Holenia, 1948:15)

Igualmente, el rechazo del estamento monárquico, deseoso de volver al poder, ante la democracia y la libertad:

> Cortes: Hören Sie, mein Bester, es gibt nichts Langweiligeres als dieses fortwährende Posieren der Republikaner auf Demokratie und Gleichheit. Im Innersten sind alle Republikaner genau so auf Rang und Titel versessen wie wir selber, – ja wahrscheinlich noch mehr als wir.[4] (Lernet-Holenia, 1948:16)

Aparece también el tópico de la hidalguía española en frases como esta:

---

[3] «El Patrón: Según su pronunciación, no le tomo a usted por argentino, sino por español. Sin embargo, debería haber notado que hace tiempo que vivimos en un estado libre».

[4] «Cortés: Escuche, querido, no hay nada más aburrido que la pose constante de los republicanos refiriéndose a la democracia y la igualdad. En el fondo, todos los republicanos están tan obsesionados con el rango y el título como nosotros, probablemente incluso más que nosotros».

Cortes: Tun Sie das, guter Freund. Es ist dies die erste Spur altspanischer Höflichkeit, die ich in diesem Lande noch bemerke.[5] (Lernet-Holenia, 1948: 20)

La añoranza de la monarquía vuelve a aparecer en el segundo acto, en boca del conde Moncada:

Antonio: Vieleicht führt das aber nur in England zu etwas Gutem. Woher käme, anders, die Befriedigung des englischen Volkes über seine politischen Mißerfolge!

Moncada: Man sollte es jedenfalls auch in Spanien versuchen. Ich hatte, zum Beispiel, gehofft, du werdest mich eines Tages mit der Nachricht empfangen, das Königtum sei wieder ausgerufen.[6] (Lernet-Holenia, 1948: 32-33)

Como también los tópicos de animadversión hacia musulmanes y judíos:

Alvarez: dann versuchen Sie es doch auf die Art Ihrer Familie, zum Beispiel indem Sie das heilige Grab befreien und die Witwen und Waisen beschützen. Vielleicht erwiese es sich auch als einträglich, die Mauren zu bekämpfen. Oder Sie überfallen einige reisende Kaufleute.

[...]

Alvarez: Am besten aber wäre es, Sie gerieten auf das Mittel, auf welches die Christen seit jeher verfallen sind, um sich zu sanieren: Erschlagen Sie einen Juden![7] (Lernet-Holenia, 1948: 35-36)

O la importancia que se le da a Burgos (capital del primer gobierno franquista), después de Madrid:

Juan: Um aber zu verhindern, daß der Minister Ihnen etwa durch eine Depesche oder einen Brief Antwort geben könne, wodurch das Ganze vorzeitig herausgekommen

---

[5] «Cortés: Haga eso, buen amigo. Es el primer rastro de la vieja cortesía española que aún puedo notar en este país».

[6] «Antonio: Pero tal vez eso solo lleve a algo bueno en Inglaterra. ¡De dónde más iba a venir la satisfacción de los ingleses por sus fracasos políticos!

Moncada: En cualquier caso, también se debería probarlo en España. Por ejemplo, esperaba que algún día me recibieras con la noticia de que el reino había sido proclamado nuevamente».

[7] «Álvarez: Entonces pruebe a la manera de su familia, liberando, por ejemplo, la tumba sagrada y protegiendo a las viudas y huérfanos. También puede resultar rentable luchar contra los moros. O que usted ataque a algunos comerciantes ambulantes.

[...]

Álvarez: Pero sería mejor si se encontrara con los medios a los que los cristianos siempre han recurrido para rehabilitarse: ¡Mate a un judío!».

wäre, gaben wir als Ort der Absendung nicht Madrid, sondern Burgos an und ließen den Brief auch wirklich in Burgos zur Post bringen.[8] (Lernet-Holenia, 1948: 47)

Cuando la editorial Paul Zsolnay, a la que siempre estuvo ligado Lernet-Holenia, publica, en 1965, una breve antología de su producción dramática[9], con el título genérico de *Teatro* (*Theater*), se incluye una nueva versión de su *Comedia española*, con el mismo título y sin ninguna indicación de que se haya alterado la versión original.

Las alteraciones, sin embargo, son perceptibles ya en las referencias paratextuales que siguen al propio título. Así, la relación de personajes es ahora la siguiente:

MONCADA
CORTES
JUAN
ALVAREZ
PEREIRA
QUEJARA
EIN HAUSHOFMEISTER
ANTONIO
DER PATRON
EIN KELLNER
RAFAELA
BEATRIZ
EINE DUENNA
EINE SEKRETÄRIN
LAKAIEN[10]
(Lernet-Holenia, 1965b:15)

Aunque se mantienen los personajes principales, se añaden los de Pereira, Quejara, Un mayordomo (Ein Haushofmeister), Una secretaria y Lacayos. La ubicación espacial sigue siendo en Buenos Aires, pero es importante señalar que la temporal, que era simplemente «la época actual» («Zeit: Gegenwart»), pasa a ser

---

[8] «Juan: Pero para evitar que el ministro le diera una respuesta, por ejemplo, enviando un telegrama o una carta, lo que habría hecho que todo saliera antes de tiempo, no especificamos Madrid como el lugar de despacho, sino Burgos, y de hecho entregamos la carta en la oficina de correos de Burgos».

[9] Se incluyen únicamente tres piezas: *Puertas de cristal* (*Glastüren*), *Comedia española*, y *Los pretendientes al trono*.

[10] La numeración de las páginas del libro no es correlativa, sino que empieza de nuevo con cada obra que en él se incluye.

ahora, la de Franco («Spielt in der Ära Franco»), con lo que las referencias políticas que antes se señalaban se hacen ahora más explícitas.

Tanto más significativa resulta la nueva estructuración escénica de la obra, que pasa de tres actos a cinco: se añade un acto preliminar y otro antes del acto final (con lo que el primero de antes pasa a ser el segundo de ahora; el segundo de antes es ahora el tercero; y el tercero de antes se convierte ahora en el quinto).

El nuevo acto preliminar se sitúa también en Buenos Aires (como el anterior primer acto), ahora en la oficina de una empresa de exportación («Das Büro eines Exporthauses» [Lernet-Holenia, 1965b:5]), donde trabaja Rafaela, que es acosada sexualmente por su jefe, Quejara. A la oficina acude Juan en busca de trabajo, circunstancia que aparenta ser un pretexto para estar cerca de Rafaela, con quien ya parece tener una relación previa. Quejara lo entrevista y, en la conversación entre ambos, se ve ya el desparpajo de Juan, que se presenta como un español descendiente de casa rica, y pretende mostrar como virtudes lo que son ineptitudes absolutas para el puesto que solicita. Veamos el siguiente pasaje de la entrevista, suficientemente ilustrativo y que refleja también referencias a la cultura hispana popular:

> QUEJARA. Ich merke mit Vergnügen, daß Sie sich allerhand Gedanken machen, junger Mann. Sie haben also Fähigkeiten, und der Unwahrscheinlichkeit, daß ich Sie etwa doch noch bei uns aufnehmen könnte, zum Trotz bitte ich Sie, mir mitzuteilen, welche Ihre Fähigkeiten sind. Sie wissen ja, daß wir uns hier mit dem Export von Fleisch und Fleischextrakt befassen. Verstehen Sie also zum Beispiel etwas von Rindern?
>
> JUAN. Hin und wieder besuche ich die Stierkämpfe.
>
> (*Rafaela, die aufmerksam zugehört hat, lacht auf.*)
>
> QUEJARA. Gewiß ist dies eine sehr ritterliche Art des Interesses für das Vieh. Ich hätte aber lieber wirtschaftlichere Neigungen bei Ihnen festgestellt. Wie steht es denn überhaupt um Ihre Schulbildung?
>
> JUAN. Nun, es geht. Ich habe in der Schule ein Kricketmatch und eine Angelkonkurrenz im Guadalquivir gewonnen.
>
> (*Rafaela, hinter Quejaras Rücken, ringt die Hände.*)
>
> QUEJARA. Und der Guadalquivir, wenn ich mich recht erinnere, ist ein Fluß in Spanien?
>
> JUAN. Es verhält sich mit ihm in der Tat so.
>
> QUEJARA. Verfügen Sie aber, zum Beispiel, auch über mathematische Fähigkeiten?
>
> JUAN. Meine mathematischen Fähigkeiten entsprechen ungefähr meinen finanziellen.
>
> (*Rafaela hebt die Hände zum Himmel.*)
>
> QUEJARA. Beherrschen Sie also wenigstens fremde Sprachen?
>
> JUAN. Das allerdings.
>
> QUEJARA. In Wort und Schrift?
>
> JUAN. Im Worte mehr, in der Schrift weniger.
>
> QUEJARA. Können Sie Englisch?
>
> JUAN. Das will ich meinen!

QUEJARA. Waren Sie denn in England?
JUAN. Gewiß doch.
QUEJARA. Wie lange Zeit?
JUAN. Etwa anderthalb Jahre.
QUEJARA. Und was haben Sie dort getan?
JUAN. Ich habe mich auf die Landgüter einladen lassen und Füchse gejagt.
(*Rafaela hebt die Hände und läßt sie resigniert wieder sinken.*)[11] (Lernet-Holenia, 1965b: 8-9)

Pese a la incompetencia que muestra Juan en la conversación con Quejara, a este le cae bien, y acepta al solicitante para el puesto de trabajo. Juan habla a solas con

---

[11] «QUEJARA. Me alegra ver que está pensando mucho, joven. Por lo tanto, tiene habilidades y, a pesar de la escasa posibilidad de que aún podamos recibirlo entre nosotros, le pido que me haga saber cuáles son esas habilidades. Ya sabe que aquí nos ocupamos de la exportación de carne y extracto de carne. Entonces, ¿entiende algo de vacas, por ejemplo?

JUAN. Voy a las corridas de toros de vez en cuando.

(*Rafaela, que ha estado escuchando atentamente, se ríe*).

QUEJARA. Ciertamente, esta es una forma muy caballerosa de interesarse por el ganado. Pero hubiera preferido encontrar inclinaciones más económicas en usted. ¿Qué hay de su educación escolar?

JUAN. Bueno, está bien. Gané un partido de cricket en el colegio y un concurso de pesca en el Guadalquivir.

(*Rafaela, a espaldas de Quejara, se retuerce las manos*).

QUEJARA. Y el Guadalquivir, si no recuerdo mal, ¿es un río de España?

JUAN. De hecho, así es.

QUEJARA. ¿Pero dispone también, por ejemplo, de habilidades matemáticas?

JUAN. Mis habilidades matemáticas coinciden aproximadamente con las financieras.

(*Rafaela levanta las manos al cielo*).

QUEJARA. ¿Al menos habla idiomas extranjeros?

JUAN. Eso desde luego.

QUEJARA. ¿Hablado y escrito?

JUAN. Más hablado, menos en escritura.

QUEJARA. ¿Sabe usted inglés?

JUAN. ¡Ya lo creo!

QUEJARA. ¿Ha estado, entonces, en Inglaterra?

JUAN. Ciertamente.

QUEJARA. ¿Cuánto tiempo?

JUAN. Alrededor de un año y medio.

QUEJARA. ¿Y qué ha hecho allí?

JUAN. Me dejé invitar a las fincas y cacé zorros.

(*Rafaela levanta las manos y las deja caer nuevamente con resignación*)».

Rafaela y parece que su irrupción en la empresa donde trabaja Rafaela se debe a que la ha estado siguiendo, y la aceptación del puesto (según él, con un sueldo ridículo), se debe solo al deseo de estar a su lado. Quejara los sorprende abrazados y despide a Juan, pero Rafaela abandona también su puesto de trabajo para irse con su joven admirador.

Este nuevo acto añadido, como se ve, acentúa el carácter pícaro de Juan Moncada y, de manera implícita, relaciona la obra con la tradición picaresca española, puesto que, como señala Alfonso Rey, «La narrativa picaresca emerge vinculada a tradiciones y gustos satíricos» (1987: 326), aun cuando «El peso de factores dispares en la formación de la picaresca, la confluencia de tradiciones narrativas distintas y el perfil tan difuso que posee la sátira hacen inevitablemente parcial cualquier marbete caracterizador del género» (1987: 328).

El otro acto añadido para esta nueva edición de la *Comedia española*, el cuarto, tiene una motivación más clara, como luego veremos. La acción pasa ahora a la casa de los Pereira, la familia de la nueva prometida de Juan, Beatriz Pereira. Una didascalia advierte, ya al comienzo, de la situación económica boyante de la familia: lacayos y mayordomo forman parte del servicio de la casa (cf. Lernet-Holenia, 1965b: 51). Entran Juan y su supuesto padre, el conde Moncada, para una suerte de presentación de las respectivas familias de los futuros contrayentes. La contemplación de la casa, al entrar, les hace pensar en la condición de nuevos ricos de los Pereira, bien distintos al rancio abolengo de los Moncada:

> JUAN (*bleibt stehen*). […] Denn da man sich in diesem Hause wohl kaum wird erinnern können, was für einen Großvater man gehabt hat, wird man auch die Herkunft des zukünftigen Schwiegersohns gar nicht weit genug zu den alten Goten hinauftreiben können.
>
> MONCADA. Nun, alte Goten! Ich möchte nicht wissen, von wieviel Mohren und Spaniolen wir in Wirklichkeit stammen. Eine gewisse Empfänglichkeit für das Geld zumindest, die ich in letzter Zeit bei mir entdecke, spricht sehr dafür.[12] (*Ibidem*)

Mientras Beatriz enseña partes de la casa a Juan, El conde Moncada se queda a solas con los Pereira y –aparte de presumir de su condición nobiliaria y de ofrecer el título de vizcondes de Luna al futuro matrimonio–, aclara, ante el interés de Pereira, cómo fue la aparición de su hijo Juan, puesto que no se sabía que Moncada tuviese hijos. El conde cuenta una larga historia sobre un matrimonio en Andalucía con una

---

[12] «JUAN (*se detiene*). […] Porque como apenas se podrá recordar en esta casa qué abuelo ha tenido, se hará todo lo posible para remontar el origen del futuro yerno hasta los viejos godos.
MONCADA. ¡Bueno, los viejos godos! No quiero saber de cuántos moros y sefardíes descendemos realmente. Una cierta receptividad al dinero, al menos, que descubrí en mí últimamente, habla en este sentido».

joven llamada Estrella, luego anulado; cómo de él nació Juan, que fue ocultado y cuidado por otras personas, una vez casado de nuevo el conde; y cómo, ya viudo, había aparecido de nuevo. Los detalles de la historia llevan a desconfiar a Pereira, quien, a solas con su mujer, le dice lo siguiente:

> PEREIRA. Ich wollte nur sagen, daß die Geschichte, die der gute Moncada zum besten gegeben hat, sehr schön war. Nur glaube ich ihm kein Wort davon.
> FRAU PEREIRA. Und warum nicht?
> PEREIRA. Weil sie wortwörtlich einem Schauspiel von Tirso de Molina nacherzählt ist, nur daß sie dort gut ausgeht. Es ist ein reichlich langweiliges Schauspiel mit dem Titel „Die bezaubernde Schäferin". Ich habe es aber, trotz seiner Langweiligkeit, mehrmals besucht, weil – es spielt dies in der Zeit, bevor ich dich kennen und lieben gelernt hatte – weil, sage ich, die Rolle der Estrella von einer Schauspielerin dargestellt wurde, die sehr hübsch war und für die ich mich ein wenig interessiert habe. Auch Moncada scheint sich für sie interessiert zu haben, und möglicherweise war er sogar glücklicher als ich... Wer weiß also, wessen Sohn Juan in Wirklichkeit ist! Doch kann es uns füglich gleichgültig sein, wenn er Beatriz nur glücklich macht – so glücklich, wie du mich gemacht hast, meine Liebe...[13] (Lernet-Holenia, 1965b: 59)

Es importante esta referencia, no solo porque pretende explicar la aparición del nuevo hijo del conde –que sin duda llamaría la atención en la sociedad madrileña–, sino también porque introduce esa referencia a una obra de Tirso de Molina, que vuelve a aparecer en otra revisión de la materia –una transcodificación del teatro a la narrativa–, plasmada en la novela *El joven Moncada* (*Der junge Moncada*, 1954), y que comentaremos en el capítulo siguiente, dedicado a las novelas.

Habría que señalar, ya para concluir con esta obra, que, en los comentarios del conde Moncada sobre sus títulos de nobleza que puede ceder a la pareja, Lernet-Holenia da muestras, una vez más, de sus amplios conocimientos en este campo. Valgan los siguientes breves ejemplos para atestiguarlo:

> MONCADA. [...] Luna liegt am Rande der Pyrenäen, in einer gebirgigen und ziemlich unfruchtbaren Gegend... [...]

---

[13] «PEREIRA. Solo quería decir que la historia que contó el bueno de Moncada fue muy hermosa. Solo que no le creo ni una palabra.
SEÑORA PEREIRA. ¿Y por qué no?
PEREIRA. Porque está literalmente contada a partir de una obra de teatro de Tirso de Molina, solo que allí termina bien. Es un drama sobradamente aburrido titulado "La pastora encantadora". Sin embargo, a pesar de su aburrimiento, la vi varias veces porque –se representó antes de que te hubiera conocido y amado–, porque, digo, el papel de Estrella lo interpretaba una actriz que era muy hermosa y por la que estuve un poco interesado. También Moncada parece haber estado interesado en ella, y tal vez él fue más afortunado que yo... Entonces, ¡quién sabe de quién es hijo Juan realmente! Pero nos puede ser indiferente si solo hace feliz a Beatriz... tan feliz como tú me hiciste a mí, querida...».

[...]

MONCADA. Ich könnte mich freilich auch etwa des Marquisats von Fuentes begeben, aber daran ist einer meiner Grandentitel geknüpft, und ich wäre dann nicht mehr zweimal Grande von Spanien, sondern nur noch einmal. [...][14] (Lernet-Holenia, 1965b: 58)

## 4. 2. *Los pretendientes al trono*

Esta nueva comedia, que data de 1965, no muestra en su título, *Los pretendientes al trono*, relación con el mundo hispano. Esa relación la vemos, no obstante, en el propio enunciado de las *dramatis personae*, con nombres claramente hispanos, y es el siguiente:

> Die Stimme des Generals Aguilar
> ALFONSO MONTERO, Oberst
> ISABELLA MEDINA, seine Freundin
> DER HERZOG JUAN VON BURGOS
> DIE HERZOGIN JUAN VON BURGOS, seine Frau
> DER HERZOG KARL VON BURGOS
> DIE HERZOGIN KARL VON BURGOS, seine Frau
> DER HERZOG FERDINAND VON BURGOS
> DIE HERZOGIN FERDINAND VON BURGOS, seine Frau
> ORTIZ und ESPIGA, Offiziere des Generals Aranda
> SANTACANA, Lakai
>
> (Lernet-Holenia, 1965c:3)

Llama la atención, sin embargo, la fluctuación entre nombres en castellano (Alfonso, Juan) y nombres germanizados (Karl, Ferdinand), e incluso esa fluctuación puede aparecer en el caso de un solo personaje, puesto que "Der Herzog Karl von Burgos", que vemos entre las *dramatis personae*, aparece como "Herzog Carlos", a lo largo del texto, lo mismo que su esposa "Die Herzogin Karl von Burgos", que pasa a ser "Herzogin Carlos" en el cuerpo de la obra. Es cierto que la vinculación burgalesa de la mayoría de ellos no deja lugar a dudas sobre su origen hispano.

---

[14] «MONCADA. [...] Luna se encuentra al borde de los Pirineos, en una zona montañosa y más bien árida... [...]

[...]

MONCADA. También podría renunciar al Marquesado de Fuentes, por supuesto, pero eso está relacionado con uno de mis títulos de grandeza y ya no sería Grande de España dos veces, sino solo una.».

La ubicación espacial es castellana, y no varía a lo largo de la obra. Se sitúa en Burgos, hecho este que tendrá unas claras connotaciones en el marco político en el que se inscribe la obra:

> Spielt immer im königlichen Palaste zu Burgos, in einem großen Salon, der dem Adjutanten des Generals Aguilar, Obersten Montero, als Arbeitszimmer dient.[15] (*Ibidem*)

La ubicación temporal es la actualidad de la época de la publicación («Die Zeit ist die Gegenwart»), recordemos que la obra aparece en el año 1965 y, como la primera versión de la comedia anterior, está dividida en tres actos, en los que se desarrolla el argumento que resumimos a continuación.

Ya se ha mencionado que el espacio escénico es siempre el mismo, el gabinete de trabajo del coronel Montero, ayudante del general Aguilar, en el palacio real de Burgos; pero al comienzo del primer acto, aparece, ante el telón, el lacayo Santacana, que, después de presentarse, declara que el general Aguilar no ha abolido de todo a los reyes, y piensa restablecer la monarquía:

> Jetzt, jedenfalls, sitzt der derzeitige Machthaber des Landes, ein gewisser General Aguilar, in diesem Palaste und hat zwar nicht unsere Könige, wohl aber ihre Lakaien übernommen, offenbar um sich ein gewisses Ansehen zu geben, indem er sich von uns bedienen läßt. Das heißt: ganz abgeschafft sind auch die Könige bei uns noch nicht. Zum mindesten denkt der General recht entschieden daran, einen von ihnen wieder einzusetzen, wenngleich er ihn natürlich nicht schon während seiner eigenen Amtszeit über sich haben, sondern ihn bloß zu seinem Nachfolger bestimmen will.[16] (Lernet-Holenia, 1965c: 5)

De este modo se plantea la problemática que se va a desarrollar a lo largo de la obra, esto es, las aspiraciones de diversos pretendientes a ocupar el trono y los medios que utilizan para lograr su empeño, lo que manifiesta explícitamente Santacana: «Es gibt da mehrere Bewerber um den Thron, Thronprätendenten genannt, und von ihrem Tun und Treiben handelt unser Stück»[17] (Lernet-Holenia, 1965c: 6). A partir de aquí, Santacana describe el gabinete de trabajo que conforma el espacio indicado en la

---

[15] «Transcurre siempre en el palacio real de Burgos, en un gran salón, que al ayudante del general Aguilar, el coronel Montero, le sirve de estudio».

[16] «Ahora, en cualquier caso, el actual gobernante del país, un tal general Aguilar, reside en este palacio y aunque no se ha apoderado, aunque no de nuestros reyes, se ha apoderado de sus lacayos, aparentemente para darse una cierta reputación al ser servido por nosotros. Eso significa que los reyes aún no están completamente abolidos entre nosotros. Al menos, el general está pensando definitivamente en reponer a uno de ellos, aunque, por supuesto, no quiere tenerlo por encima de sí mismo durante su propio mandato, sino que solo quiere convertirlo en su sucesor».

[17] «Hay varios aspirantes al trono, llamados pretendientes, y nuestra obra trata de sus acciones».

acotación, coge una enciclopedia, busca en ella la palabra Burgos y lee un largo párrafo que vale la pena reproducir:

Burggraf, Burghausen, Burghelli, Burgkmair, Burgos – da haben wir's. Hauptstadt der gleichnamigen Provinz im spanischen Königreiche Kastilien, am Fuße der Sierra de Oca amphitheatralisch an einem Hügel teils altertümlich, teils modern gebaut... nun, gar so modern!... hat eine Zitadelle, die ehemalige Zwingburg der kastilischen Könige – nun, in dieser Zwingburg befinden uns jetzt auch wir selber und zwingen alles, worauf wir hinabblicken, so zu tun, als sei man mit uns höchst zufrieden... die Stadt hat neun Tore, neun öffentliche Plätze, enge, aber reinliche Straßen... nun, gar so reinlich sind sie wiederum nicht!... eine durch Bauart und Pracht ausgezeichnete Kathedrale von 400 Fuß Länge und 250 Fuß Breite... natürlich, wie wäre denn Spanien sonst immer noch das Land geblieben, wo Gott besser wohnt als das Proletariat! Anderswo wohnt ja das Proletariat schon viel besser als Gott... Aber ein etwas altmodisches Lexikon ist das trotzdem. (*Er blättert zurück.*)... Aha, von 1863, antiquiert wie auch alles andre hier bei uns in Kastilien... (*Er schlägt wieder den Artikel „Burgos" auf*)... Burgos ist Sitz eines Erzbischofs, hat ein Priesterseminar, eine chirurgische Schule und mehrere Armenhäuser... hauptsächlich letztere!... bei Burgos liegt die Abtei Huelgas, von Alfons dem Neunten für 150 adelige Nonnen gestiftet, deren Äbtissin Bischofsrechte und die Herrschaft über 17 Klöster, 14 Städte und 50 Dörfer hatte... Sollte man's für möglich halten!... Die Stadt hat jetzt nur mehr 25 924 Einwohner, war aber vormals eine durch Industrie und Handel blühende Siedlung. Nun jedoch ist sie durch die unaufhörlichen Bürgerkriege gänzlich herabgekommen, eine der verödetsten Städte Spaniens... also bitte, da haben wir's! Gemeint sind zwar die Bürgerkriege vor hundert Jahren aber auch wir selbst heben uns noch vor wenigen Jahren einen so schönen Bürgerkrieg geleistet, daß Burgos dadurch noch weiter herabgekommen ist und unser General noch weiter hinauf... nun, ich will nichts gesagt haben![18] (Lernet-Holenia, 1965c: 8)

---

[18] «Burggraf, Burghausen, Burghelli, Burgkmair, Burgos... ahí lo tenemos. "Capital de la provincia del mismo nombre en el reino español de Castilla, al pie de la Sierra de Oca, situado en forma de anfiteatro en la ladera de una colina, con construcciones, en parte antiguas, en parte modernas"... ¡Bueno, tan modernas!... "posee una ciudadela, la antigua fortaleza de los reyes castellanos"... bueno, en esta fortaleza nos encontramos ahora nosotros, forzando a todo aquello que miramos desde arriba a que pretenda estar extremadamente satisfecho con nosotros... "la ciudad tiene nueve puertas, nueve plazas públicas, calles estrechas pero limpias"... ¡Bueno, tan limpias no son!..., "una catedral de 400 pies de largo y 250 pies de ancho"... Por supuesto, ¿de qué otra forma España seguiría siendo el país donde Dios vive mejor que el proletariado? En otros sitios, el proletariado ya vive mucho mejor que Dios... Pero esta sí que es una enciclopedia algo anticuada. (*Vuelve atrás en el libro*)... ¡Ajá, de 1863!, anticuada como todo lo demás aquí en nuestra Castilla... (*Abre de nuevo la entrada "Burgos"*): "Burgos es la sede de un arzobispo, tiene seminario, una escuela de cirugía y varios asilos"... ¡Principalmente estos últimos!..., "Cerca de Burgos se encuentra la Abadía de Las Huelgas, fundada por Alfonso IX para 150 monjas nobles, cuya abadesa tenía derechos episcopales y el dominio sobre 17 conventos, 14 villas y 50 aldeas"... ¡Será posible!... "La ciudad ahora se ha visto reducida a tan solo 25.954 habitantes, pero anteriormente fue un asentamiento floreciente debido a la industria y el comercio. Ahora, sin embargo, ha decaído por completo a causa de las incesantes guerras civiles, siendo una de las ciudades más desoladas de España"... Así que, ¡ahí lo tenemos! Aunque se refiera a las guerras civiles de hace cien años, nosotros mismos, hace unos años, nos

Santacana deja el libro para dirigirse de nuevo al público y hablar del papel que desempeñan los funcionarios y administrativos en la política y da comienzo la acción, en el espacio indicado. El coronel Montero, ayudante del general Aguilar, trabaja en su despacho, tiene una discreta relación amorosa con Isabella, y espera a uno de los pretendientes al trono. Entre tanto, Isabella le habla de la posibilidad de ser él mismo el heredero, puesto que es hijo ilegítimo del último rey de Castilla y de una bailarina. Entran el duque y la duquesa de Burgos e Isabella se sienta a la mesa de la secretaria de Montero. Los pretendientes intentan poner a su favor a Montero, ofreciéndole puestos relevantes si llegan a ser nombrados sucesores del general. Montero anuncia a este, por medio del intercomunicador, la llegada de los duques. La corta entrevista de estos con el general hace presagiar a Montero que el duque de Burgos no será el elegido como sucesor. Isabella vuelve a sacar la posibilidad de que su amado Montero sea finalmente el heredero, y lo conmina a solicitar del general el título de Conde de Salamanca, que va unido al de heredero al trono (como en la actualidad el de Príncipe o Princesa de Asturias).

En el acto segundo, de nuevo Isabella conmina a Montero a que solicite al general ser nombrado Conde de Salamanca, recordándole su condición de hijo de rey, lo que Montero rechaza de nuevo por parecerle ridículo y, ante este rechazo, Isabella le recuerda todos los títulos de su padre:

> ISABELLA. Weil ein Mensch nur dann so bescheiden über Salamanca reden kann, wenn er, wie sein Vater, eigentlich – wart einmal, ich hab mir's herausgeschrieben (*Sie öffnet ihr Handtäschchen, beginnt darin zu kramen und zieht am Ende einen Zettel hervor.*) – eigentlich König von Kastilien, Leon, Aragon, Jerusalem, Navarra, Mallorca, Menorca und noch einem weiteren Dutzend von Reichen sein sollte, dazu Herr der Kanarischen Inseln, von Ost- und Westindien und der ozeanischen Festländer –
>
> MONTERO. Isa, was soll der Unsinn! Bist denn nun auch du schon von der Titelwut ergriffen worden?
>
> ISABELLA. (*läßt sich nicht aufhalten*). – dazu Herzog von Burgund, Brabant und Mailand, Graf von Habsburg, Flandern, Tirol und Barcelona –
>
> MONTERO. Hör auf mit diesen Albernheiten!
>
> ISABELLA. Ach, laß mich doch darin schwelgen!... Oberster Chef der Armee und Marine, der königlichen Hellebardiere, des 1. Kavallerieregimentes Lanceros del Rey, Ehrenoberst des königlich-kastilischen Regiments Savoia, Chef und Souverän des Ordens vom Goldenen Vließ... das war alles dein Vater, Alfonso![19] (Lernet-Holenia, 1965c: 28-29)

---

hemos permitido el lujo de una guerra civil tan hermosa que Burgos se ha venido más abajo todavía mientras que nuestro general ha subido... bueno, ¡no he dicho nada!».

[19] «ISABELLA. Porque una persona solo puede hablar tan modestamente sobre Salamanca cuando, como su padre, en realidad... –espera un momento, lo anoté (*abre su bolsito, comienza a revolverlo y finalmente saca un trozo de papel*)–, en realidad es Rey de Castilla, León, Aragón, Jerusalén, Navarra,

De nuevo se presenta en la oficina otro pretendiente (Carlos) y su esposa, declarando ser los verdaderos Duque y Duquesa de Burgos, mientras que el anterior (Juan) es un primo lejano y falso duque, puesto que al ser él (Carlos) el verdadero, solo él puede otorgar ese título, y no se lo otorgó a Carlos. Los nuevos duques halagan también a Montero para ganar su favor. En medio de la conversación, en la que exponen sus derechos como sucesores, y pretenden ser recibidos por el general, entran el duque Juan y su esposa. Ambos pretendientes y sus respectivas esposas se enfrentan por su condición ducal, llegando incluso a las manos.

El tercer acto continúa donde finalizó el segundo. Montero cuenta a Isabella que el general Aguilar rechaza la concesión del título de Conde de Salamanca para él (lo que supondría aumentar el número de pretendientes), todo lo más, elevará su situación en reconocimiento a sus méritos militares y políticos. Isabella critica la actitud subordinada de Montero y abandona bruscamente el despacho. Santacana anuncia la presencia de un tercer duque de Burgos y su esposa: el duque Ferdinand, que desea mantener su nombre en secreto. Ante Montero, mantienen su legitimidad frente a los otros pretendientes. Santacana anuncia ahora la presencia de otros dos duques de Burgos: Carlos y Juan. Se entabla una discusión entre todos ellos y sus esposas, surgiendo una pelea física entre estas últimas. De repente, se oyen disparos frente al palacio y entra Isabella junto con el mayor Ortiz, que pide su espada a Montero, al tiempo que anuncian que el general Aranda se ha hecho con el poder, apartando de él al general Aguilar. Un nuevo dictador, por tanto, sustituye a otro. Montero aparece de nuevo, ya con su espada, después de entrevistarse con el nuevo gobernante y comunica a los presentes que Aranda ha anulado las candidaturas de todos los pretendientes y que el futuro rey será el conde de Salamanca, es decir el propio Montero. Los tres supuestos duques de Burgos huyen por temor a ser arrestados. Isabella declara que fue ella quien animó al general Aranda a actuar frente a Aguilar para beneficio de Montero, y cae el telón tras los planes de matrimonio de ella y su amado.

Como se habrá podido comprobar, la trama de la comedia está claramente relacionada con los acontecimientos vinculados al proceso sucesorio del general

---

Mallorca, Menorca y otra docena de reinos, además de Señor de las Islas Canarias, las Indias Orientales y Occidentales y las tierras oceánicas...

MONTERO. ¡Isa, qué tonterías! ¿Ya te ha cogido la obsesión por los títulos?

ISABELLA. (*no se deja detener*). ...además de Duque de Borgoña, Brabante y Milán, Conde de Habsburgo, Flandes, Tirol y Barcelona...

MONTERO. ¡Déjate de tonterías!

ISABELLA. ¡Oh, déjeme regodearme en eso! ...Jefe Supremo del Ejército y de la Armada, de la Alabarda Real, del Primer Regimiento de Caballería Lanceros del Rey, Coronel de Honor del Regimiento Real Castellano Saboya, Jefe y Soberano de la Orden del Vellocino de Oro...¡todo eso fue tu padre, Alfonso!».

Franco, que desembocarían, a su muerte, en la llamada Transición. En efecto, el dictador promulgó la "Ley de Sucesión en la Jefatura del Estado":

> El proyecto de esta ley fue remitido por el Gobierno a las Cortes el 28 de marzo de 1947. Tuvo un proceso de elaboración corto y fue aprobada por las Cortes españolas en su sesión de 7 de junio de 1947 y sometida a referéndum que se celebró el 6 de julio de 1947, entrando en vigor el 27 de julio de 1947.[20]

Los artículos sexto y séptimo de este proyecto de ley, tal y como se publicó en el *Boletín Oficial del Estado* del 9 de junio de 1947, decían, respectivamente:

> *Artículo sexto.–* En cualquier momento el jefe del Estado podrá proponer a las Cortes la persona que estime deba ser llamada en su día a sucederle, a título de Rey o de Regente, con las condiciones exigidas por esta ley; y podrá, asimismo, someter a la aprobación de aquéllas la revocación de la que hubiere propuesto, aunque ya hubiese sido aceptada por las Cortes.
>
> *Artículo séptimo.–* Cuando, vacante la Jefatura del Estado, fuese llamado a suceder en ella el designado según el artículo anterior, el Consejo de Regencia asumirá los poderes en su nombre y convocará conjuntamente a las Cortes y al Consejo del Reino para recibirle el juramento prescrito en la presente Ley y proclamarle Rey o Regente.[21]

Como se sabe, Juan Carlos de Borbón había sido educado en España por la dictadura con el propósito de suceder a Franco, una vez fallecido este, pero lo cierto es que su padre, Don Juan, Conde de Barcelona, era el heredero legítimo de la monarquía, como hijo de Alfonso XIII, y no llegó a renunciar a sus derechos dinásticos hasta el 14 de mayo de 1977, aun cuando su hijo Juan Carlos ya había sido designado sucesor en 1969, y ostentaba la corona de España desde el 22 de noviembre de 1975, en que fue proclamado Rey de España.

Había, por tanto, en vida de Franco un sucesor legal a los derechos monárquicos, Don Juan, conde de Barcelona (1913-1993), y otro *in facie dictatoris*, Juan Carlos de Borbón, su hijo; pero, por si ello fuese poco, en cierto momento surge también la figura del sobrino del primero y primo del segundo, Alfonso de Borbón Dampierre (1936-1989), que, aunque su padre, el infante don Jaime, había renunciado a sus derechos en 1933, posteriormente (en 1949) intentó invalidar esa renuncia y ser el legítimo heredero; él mismo llegó a considerarse como tal, y en una entrevista para la televisión francesa, llegó a decir, respondiendo a la pregunta sobre sus posibilidades de ocupar la corona de España: «Hay tres condiciones para esto: tener sangre real, tener treinta años de edad y ser español. Obviamente, yo cumplo dichos

---

[20] Véase «Ley de Sucesión en la Jefatura del Estado», [en línea] en

https://es.wikipedia.org/wiki/Ley_de_Sucesi%C3%B3n_en_la_Jefatura_del_Estado (21-6-2020).

[21] https://www.boe.es/datos/pdfs/BOE/1947/160/A03272-03273.pdf (21-6-2020).

requisitos»[22]. Esas pretensiones se incrementaron en la mente de todos cuando, el 8 de marzo de 1972, contrajo matrimonio con la nieta mayor del dictador, Carmen Martínez-Bordiú, aun cuando su primo Juan Carlos ya hubiese sido nombrado heredero al trono.

Como en el caso de la renuncia, y posterior rectificación, del infante Jaime al trono y las consecuencias ya señaladas (la legitimación de su hermano Juan como heredero y las posteriores pretensiones de su hijo Alfonso), es curioso que en la comedia de Lernet-Holenia se mencione también una renuncia semejante:

> DER HERZOG. […] Aber die Nachkommen eines – sagen wir – nicht restlos befähigten Monarchen können ja den an sie gerichteten Anforderungen wieder durchaus entsprechen... Kurzum, der Sohn meines Urgroßvaters, mein Großvater also, der diesen Anforderungen, wenn sie an ihn gestellt worden wären, wieder durchaus entsprochen hätte, legte sich am 3. Oktober 1868, unter Inanspruchnahme aller Rechte unseres Hauses, den Titel eines Herzogs von Burgos, das heißt Thronfolgers, bei, und seit damals hat nicht nur er selbst, sondern es hat auch mein Vater diesen Titel geführt; und nun führe ich ihn, gleichgültig ob ihn Ihr General meinem Vetter Juan verliehen hat oder nicht.[23] (Lernet-Holenia, 1965c: 37)

Teniendo en cuenta los datos anteriores, entre el período que va de la tramitación y entrada en vigor de la Ley de Sucesión en la Jefatura del Estado, en 1947, hasta la designación de Juan Carlos como sucesor oficial, el 22 de julio de 1969, con el título de "Príncipe de España", tres pretendientes al trono circulaban –con mayor o menor justificación– por los mentideros patrios. Por tanto, en el momento de la aparición de la comedia de Lernet-Holenia, en el año 1965, estaban en pleno vigor las especulaciones sobre los pretendientes y las posibilidades de ser elegidos como sucesores. Es cierto, no obstante, que la problemática sucesoria de España se hace extensiva en la obra a otros países; así, hablando el coronel Montero de que uno de los pretendientes, el conde de París, aspira también al trono de Francia y que el archiduque Otto podría hacerlo al de Austria, añade:

> Dabei ist es das Schönste, daß es die österreichische Monarchie gar nicht mehr gibt. Es gibt nur noch österreichische Monarchisten; und was Rußland betrifft, so ist es

---

[22] Véase «Alfonso de Borbón y Dampierre», [en línea] en

https://es.wikipedia.org/wiki/Alfonso_de_Borbón_y_Dampierre (21-6-2020).

[23] «EL DUQUE. […] Pero los descendientes de un monarca, digamos, no totalmente capacitado pueden satisfacer las demandas que les hacen nuevamente... En resumen, el hijo de mi bisabuelo, mi abuelo, por lo tanto, que habría cumplido con estos requisitos nuevamente si se los hubieran exigido, se hizo con el título de Duque de Burgos, es decir, heredero del trono, el 3 de octubre de 1868, utilizando todos los derechos de nuestra casa, y desde entonces no solo él mismo ostentaba este título, sino también mi padre; y ahora lo estoy llevando, independientemente de que su general se lo haya otorgado a mi primo Juan o no».

überhaupt das klassische Land legitimer oder auch nicht legitimer Thronprätentionen, der falschen und echten Demetriusse und Anastasien, und jeder bessere Emigrant behauptet, ein nicht erschossener Großfürst zu sein. Doch auch in Braunschweig und Hannover, in Reuß und Lippe, in Parma, Piacenza und Guastalla, ja sogar im winzigen Monaco gibt es überall Prätendenten, und am klügsten war eigentlich noch der König von Sachsen, der mit den Worten vom Thron stieg: „Macht euch euren Dreck aleene!"[24] (Lernet-Holenia, 1965c:19)

Sobre los nombres de los pretendientes, en la comedia de Lernet-Holenia, se vierte la ironía al reproducirlos al completo; así, del primero de ellos, el duque Juan, lee Montero lo siguiente:

> MONTERO. […] (*Er nimmt von neuem ein Blatt auf und liest.*) Don Juan Maria Jaime Isidor Pasqual Antonio Luitpold Isabelino Enrique Alejandro Alberto Acacio...[25] (Lernet-Holenia, 1965c: 20)

Tal cúmulo de nombres está en consonancia con los usos onomásticos de la nobleza española. Valgan de ejemplo los de los pretendientes a la sucesión de Franco, ya mencionados: el conde de Barcelona (Juan Carlos Teresa Silverio Alfonso de Borbón y Battenberg), su hijo don Juan Carlos (Juan Carlos Alfonso Víctor María de Borbón y Borbón-Dos Sicilias) y su sobrino Alfonso (Alfonso Jaime Marcelino Manuel Víctor María de Borbón y Dampierre). Hay que señalar también que en la obra se mantiene la norma española de denominar "infantes" a los príncipes, así, por ejemplo, respondiendo a la pregunta de Isabella sobre quiénes son algunos de los pretendientes al trono, responde el coronel Montero:

> MONTERO. Der Infant Carlos zum Beispiel, der vor kurzem reich geheiratet und daher die Möglichkeit hat, besonders intensive Propaganda für sich zu machen, der Infant Ferdinand und, wenn man sie läßt, noch ein paar weitere Infanten.[26] (Lernet-Holenia, 1965c:18)

---

[24] «Y eso que lo mejor es que la monarquía austríaca ya no existe. Solo quedan monárquicos austríacos; y en lo que respecta a Rusia, es el clásico país de pretensiones al trono legítimas o ilegítimas, falsos y verdaderos Demetrios y Anastasias, y cualquier emigrante que se precie afirma ser un gran príncipe que no ha sido fusilado. Pero también en Brunswick y Hannover, en Reuss y Lippe, en Parma, Piacenza y Guastalla, incluso en el pequeño Mónaco, hay pretendientes en todas partes, y el más inteligente fue en realidad el rey de Sajonia, que se levantó del trono con las palabras: "¡Ocupaos vosotros de vuestra propia mierda!"».

[25] «MONTERO. […] (*Levanta una hoja de nuevo y lee.*) Don Juan María Jaime Isidoro Pascual Antonio Leopoldo Isabelino Enrique Alejandro Alberto Acacio...».

[26] «MONTERO. El Infante Carlos, por ejemplo, que recientemente se casó con una mujer rica y, por lo tanto, tiene la oportunidad de hacer una propaganda particularmente intensa para él, el infante Fernando y, si se lo permiten, unos cuantos infantes más».

Es importante mencionar la relevancia que se le da en la comedia a las ciudades de Burgos y Salamanca. La primera, como capital del reino de Castilla, y la segunda, unida a la sucesión del reino –Conde de Salamanca sería el título del heredero («an welchen das Anrecht auf den Thron geknüpft ist»[27] [Lernet-Holenia, 1965c: 26]), como hoy en día lo es el título de Príncipe de Asturias–. Recuérdese que ambas ciudades tuvieron un especial significado durante el golpe de estado del general Franco: Burgos fue la sede de la Junta Técnica del Estado y anteriormente de la Junta de Defensa Nacional, allí se constituyó, el 30 de enero de 1938, el primer gobierno de Franco; y Salamanca fue el cuartel general de Franco y, por tanto, el centro de su poder, allí fue proclamado por la Junta de Defensa Nacional (decreto publicado el 1 de octubre de 1936), Jefe del Gobierno del Estado Español.

Un dato que incrementa la relación del argumento de la obra con el contexto histórico de la España franquista es el testimonio explícito de que, antes del golpe de estado del general Aguilar, el régimen establecido era el republicano. Véase el despecho con que habla la esposa del duque Juan al respecto:

> HERZOGIN JUAN. Insofern, als wir schon seit geraumer Zeit eine Republik haben, oder zum mindesten das, was man so nennt. Da kann sie sich doch nichts Besseres als eine Monarchie wünschen.[28] (Lernet-Holenia, 1965c: 46)

Parece claro –por los datos que hemos visto– que tanto el ambiente, como el contexto histórico, social y político de esta pieza teatral de Lernet-Holenia tienen como referente el proceso de sucesión de la España franquista; y ello no deja lugar a dudas, pese al ligero disfraz ficcional de la trama, así como a los nombres y títulos nobiliarios de los personajes, que disimulan levemente los hechos reales.

---

[27] «Al que está vinculado el derecho al trono».

[28] «DUQUESA JUAN. En el sentido en el que llevamos ya tiempo con una república o, al menos, lo que así se denomina. Así que ella no puede desear nada mejor que una monarquía».

# 5. LAS NOVELAS

E n la no muy abundante bibliografía crítica sobre Lernet-Holenia varían las consideraciones sobre las novelas que llegó a escribir, debido a la desigual clasificación –como novelas o como simples relatos– de algunas de sus obras narrativas menos extensas. Así, por ejemplo, en la *Lernet-Holenia Homepage*, figuran veinticinco novelas[1], el mismo número que recoge Robert Dassanowsky en su citada monografía (Dassanowsky, 1996: 204-205); sin embargo, en la *Homepage* del autor figura *Los secretos de la Casa de Austria. Novela de una dinastía* (*Die Geheimnisse des Hauses Österreich. Roman einer Dynastie*, 1971), que, a pesar del subtítulo, recoge Dassanowsky en su obra en el apartado de "Novellas / Short Stories / Biographies / Historical Works" (Dassanowsky, 1996: 205), pero no en el de "Novels"; la que sí aparece entre estas últimas en la obra de Dassanowsky es *Strahlenheim* (1938)[2], que recoge la *Lernet-Holenia Homepage* en el apartado de *Narraciones (publicadas individualmente)* –*Erzählungen (einzeln erschienen)*–[3]. Algo parecido ocurre con la novela *Un sueño en rojo* (*Ein Traum in Rot*, 1939), considerada como tal en ambos listados y que, sin embargo, aparece publicada en el libro de relatos *Dioses y personas* (*Götter und Menschen*, 1964), que figura en la clasificación de la *Homepage* como *Volúmenes de relatos* (*Erzählungsbände*) (cf. *ibidem*). En cualquier caso, y dado que ninguna de las obras referidas contiene elementos significativos susceptibles de ser analizados en el presente estudio, pasamos a ver aquellas que sí muestran contenidos relevantes en el análisis de la cultura hispánica, siguiendo, para ello, un simple orden cronológico[4].

---

[1] «Alexander Lernet-Holenia», [en línea] en http://www.lernet-holenia.com/de/romane.html (13-1-2015).

[2] *Strahlenheim* aparece igualmente –junto con *Ljubas Zobel* (1932) y *Jo und der Herr zu Pferde* (1933)– en el libro *Drei Reiterromane*, Wien / Hamburg: Paul Zsolnay, 1963; y, posteriormente –junto con *Ljubas Zobel* únicamente–, en *Zwei Reiterromane*, München / Zürich: Knaur, 1966; por tanto, publicada como novela.

[3] Cf. «Alexander Lernet-Holenia», [en línea] en http://www.lernet-holenia.com/de/romane.html (13-1-2015).

[4] Véase, al respecto, Mariño (2017).

### 5. 1. *Jo y el señor a caballo*

Publicada por Gustav Kiepenheuer en Berlín, en el año 1933, *Jo y el señor a caballo* (*Jo und der Herr zu Pferde*) constituye la cuarta novela del autor –después de *La boda nocturna, Las aventuras de un joven caballero en Polonia* y *Ljubas Zobel* (1932)–. Aparecerá, más tarde, en la antología novelesca *Tres novelas caballerescas* (*Drei Reiterromane*) y también en la de relatos *Tres grandes historias de amor* (*Drei große Liebesgeschichten*, 1949) (Lernet-Holenia, 1949). La línea argumental de la obra es como sigue.

La joven Jo Gustavson, hija de un coronel sueco residente en París, observa casi a diario desde su balcón el paso de diversos jinetes frente a su casa, entre ellos, el aristócrata George Winter, quien, habiendo reparado en la joven, se informa sobre su identidad e intenta entrar en contacto con ella. Lo hace en una velada a la que ambos acuden como invitados, y surge así una relación amorosa que Jo siempre se niega a materializar.

Winter es un conocido mujeriego y la negativa de Jo a tener relaciones con él acrecienta en aquel su interés por ella, hasta que un día irrumpe en su casa, sabedor de que está sola, y la toma por la fuerza, pero es sorprendido por el padre de la joven, que regresaba en ese momento. Estalla el escándalo: Winter, en un primer momento, quiere casarse con Jo, pero ella se niega porque piensa que el matrimonio hará que se quiebre el amor. Sin embargo, la amenaza de que Winter pueda ser expulsado del ejército hace que Jo acepte casarse, mientras que es ahora Winter quien se niega porque piensa que el matrimonio sería fruto de la imposición.

Pese a todo, se lleva a cabo la boda, pero Winter sigue con su vida habitual de conquistas amorosas, desentendiéndose de Jo, que trata de dar celos a su marido con distintos flirteos que no logran nunca su propósito. Ante este desinterés del marido, Jo está a punto de materializar el adulterio con un tal Larenotière. Winter, por su parte, participa en una misión secreta, consistente en poner a salvo las joyas imperiales y, ante la posibilidad de que pueda irse de la lengua, es retado a un duelo mediante una excusa y fallece de un disparo. El ejecutor es un tal Plettenberg. Jo se siente hundida tras el fallecimiento de su marido y no es capaz de desprenderse de su recuerdo, a pesar de que contrae de nuevo matrimonio con un tal Spanjard, descendiente de judíos españoles.

Sus deseos de desprenderse del recuerdo de su primer marido la llevan a que tenga una relación adúltera con Larenotière, a quien encuentra de nuevo. Su idea es consumar el engaño hacia Winter con la misma persona con la que lo había intentado en vida de aquel. El adulterio es descubierto por un admirador frustrado de Jo, que se lo comunica al marido actual. Ambos se separan y Spanjard recibe la visita de un conocido suyo, Wallmoden, que le explica las circunstancias de la actitud de su mujer y el próximo enlace de esta con el propio Wallmoden, cuya verdadera identidad es la de Plettenberg, el que ha matado a Winter, de modo que la venganza última de Jo hacia Winter será casarse con quien lo ha matado.

En este contexto argumental, es fácil deducir que la presencia hispana será escasa, y, en efecto, se reduce a unos pocos datos intrascendentes. La primera referencia a España está inmersa en la aseveración de que una familia de antiguos diplomáticos, los Boncourt, no podían resistir la tendencia a organizar reuniones oficiales, a lo que se añade: «Es ist vollkommen gleichgiltig, ob ein Diplomat für den König von Spanien, für die Türken oder für sich selber frühstückt oder soupiert»[5] (Lernet-Holenia, 1933a: 9). Más adelante, sabemos que el coprotagonista Winter mantuvo una relación amorosa «mit einer Südamerikanerin, die Catalina hieß»[6] (Lernet-Holenia, 1933a: 118). La referencia más significativa, no obstante, tiene que ver con el segundo marido de la protagonista, de apellido bien elocuente: Spanjard. En efecto, el narrador nos informa de los antecedentes de la familia:

> Diese Spanjards waren ursprünglich Spaniolen, eine Zeitlang sehr reich, aber Herbert Spanjard besaß nicht mehr soviel wie ehedem, die verschiedenen aristokratischen Ehen, die die Familie eingegangen war, hatten sie an Intensität gerade so viel verlieren lassen, als nötig war.[7] (Lernet-Holenia, 1933a: 170-171)

Así, pues, la protagonista de la novela, Jo Gustavson (posteriormente, Winter), pasará a ser Jo Spanjard, y, por tanto, parece necesario destacar el dato de que el autor denomine a su protagonista con un adjetivo toponímico que revela una procedencia hispana.

## 5. 2. *Yo fui Jack Mortimer*

Del mismo año que la anterior, y publicada en Berlín por la editorial de Samuel Fischer, esta quinta novela de Lernet-Holenia, *Yo fui Jack Mortimer* (*Ich war Jack Mortimer*) tiene, sin embargo, un carácter notoriamente diferente de aquella, acercándose a la trama policíaca.

El hilo argumental se centra en un taxista, Ferdinand Sponer, que traslada a su casa a una joven de la alta sociedad vienesa. Se siente atraído por ella y busca

---

[5] «Es completamente indiferente que un diplomático desayune o cene para el rey de España, para los turcos o para sí mismo».

[6] «Con una sudamericana que se llamaba Catalina».

[7] «Estos Spanjards eran originalmente sefardíes, durante un tiempo, muy ricos, pero Herbert Spanjard ya no poseía tanto como antes; los diversos matrimonios aristocráticos que la familia había contraído les habían hecho perder en intensidad tanto como era necesario».

encontrarla de nuevo, llegando a declararle su amor; sin embargo, es siempre rechazado.

En la estación de ferrocarril, recoge a un hombre al que lleva al hotel Bristol, pero hay dos hoteles en la ciudad con ese mismo nombre y, cuando el taxista le pregunta a cuál de ellos debe dirigirse, no obtiene respuesta. Reitera su pregunta hasta que se da cuenta de que el viajero está muerto. Detiene el coche y observa que ha recibido tres disparos, probablemente en el momento de arrancar. Sopesa la situación y, ante el temor de ser acusado del crimen, decide deshacerse del cuerpo, arrojándolo al río. Decide también ir él mismo al hotel al que supone que debía ser el destino del viajero, para hacerse pasar por él y que, de ese modo, las averiguaciones posteriores no lo impliquen.

Una vez en el hotel, revisa el equipaje del muerto (que resulta ser un tal Jack Mortimer, americano), pero es interrumpido por varias llamadas telefónicas de una mujer, que él no entiende bien, porque habla en inglés. Sponer cuelga el teléfono, pero la mujer se presenta en su habitación.

Una retrospección nos da cuenta de cómo un peón y caballista del sur de los Estados Unidos, un tal José Montemayor, viaja a Nuevo México con su guitarra, conoce a Consuelo y ambos acabarán cantando juntos y triunfarán con canciones compuestas por el primero. Un tal Jack Mortimer pondrá fin a esa felicidad, puesto que seducirá a Consuelo y, de ese modo, se romperá el dúo. Montemayor seguirá componiendo y conocerá a Winifred, con la que se casa, pero de nuevo irrumpe en sus vidas Jack Mortimer para seducir a la esposa. Aquí se reanuda la historia del taxista.

La mujer que entra en su habitación es Winifred, que sigue a Mortimer a Viena, aprovechando un viaje de su marido, ante el impostor ve los efectos personales de Mortimer y entra también Montemayor siguiendo a su mujer, circunstancia que aprovecha el taxista para huir. Va a casa de su novia (una joven de clase media que lo ama, pero no es del todo correspondida) y le pide que vaya ella a su casa y recoja sus efectos personales y algo de dinero, porque tiene que marcharse de la ciudad. Ella accede, sin pedir mayores explicaciones y, en la habitación del taxista se encuentra con la policía, que registra sus efectos. Ella es interrogada por la policía y, sin llegar a decirles nada, logra escapar.

Ante la larga espera del taxista en la vivienda de su novia, piensa que algo ha ocurrido y decide ir a casa de la joven de la que está enamorado y cuyo amor le había declarado ya al comienzo del libro. Allí le dice que se le acusa de asesinato y ella se siente atraída ahora por él, hasta el punto de que pasan la noche juntos. Cuando él despierta, se siente perdido y decide entregarse, para lo cual va al hotel; allí ve que la policía está interrogando a Winifred. El taxista escucha la conversación sin que lo identifiquen y el misterioso asesinato se aclara: Montemayor, sabedor de las intenciones de su esposa de encontrarse con Mortimer, mata a este en el momento de subir al taxi. Cuando Winifred se entera de lo que ha sucedido (una vez que el matrimonio ha quedado encerrado en la habitación del hotel), mata a su marido con la pistola de Mortimer, que en realidad era un gánster.

Sabiéndose libre, el taxista regresa en primer lugar a la casa de su amada para contarle que es libre, pero ante la noticia, la joven ya no se siente atraída por él. El taxista se da cuenta ahora de la situación y del sacrificio que su novia ha hecho por su amor y regresa a ella, mirándola ya con ojos más comprensivos y rechazando su anterior inclinación por la joven de buena familia, que solo quería emociones fuertes.

En esta novela, la vinculación hispana resulta mucho más evidente, puesto que todo el capítulo VI supone una retrospección que habla de la figura de José Montemayor y su estancia en Nuevo México, su conocimiento y relación amorosa con Consuelo (nombre que no necesita mayor comentario), con la que actúa, formando una escena absolutamente tópica del mundo hispano: «Er spielte Gitarre, und Consuelo tanzte und sang, im spanischen Kostüm, einen fußhohen Kamm im Haar»[8] (Lernet-Holenia, 1933b: 124). Montemayor compone canciones de éxito y viaja por todo el mundo, sin embargo, sus mayores triunfos tienen denominación española:

> Im Paris trat er mit Partnerinnen auf, die er oft wechselte. Tagsüber studierte er Musik. Nach einem Jahr übersiedelte er nach Berlin, dann wieder zurück nach Paris.
>
> Er ließ sich französische und englische Texte zu seinen musikalischen Einfällen schreiben und veröffentliche sie.
>
> Die „Juanita" machte ihn berühmt.
>
> Er kehrte nach Amerika zurück, hielt sich aber nur kurze Zeit in Neuyork auf, reiste wieder nach den Süden und kaufte sich in Florida, in der Nähe von Palm Beach, an.
>
> Hier komponierte er seinen zweiten großen Erfolg, die „Castilliana".[9] (Lernet-Holenia, 1933b: 130)

Preciso es recordar que, cuando Montemayor y Consuelo se conocen, el narrador nos dice explícitamente que ella hablaba en español, y que lo que este nos transmite es una traducción literal al alemán de sus palabras:

---

[8] «Él tocaba la guitarra y Consuelo bailaba y cantaba, vestida de española, con una peineta de un pie de altura en el pelo».

[9] «En París actuó con parejas que cambiaba a menudo. Durante el día estudiaba música. Al cabo de un año se mudó a Berlín y luego volvió a París.

Hizo que le escribieran letras francesas e inglesas a sus ideas musicales y las publicó.

La "Juanita" lo hizo famoso.

Volvió a América, pero parando muy poco tiempo en Nueva York; continuó el viaje hacia el Sur y se compró una casa en Florida, cerca de Palm Beach.

Allí compuso su segundo gran éxito, la "Castellana"».

„Wer seid Ihr", fragte das Mädchen, das heißt, sie fragte, da sie spanisch sprach, wörtlich: „Wer sind Ihre Gnaden?"

„Wir sind", antwortete Montemayor, „Cowboys und Peons aus den Staaten, über die Grenze gekommen, um die Schönen von Mexico kennenzulernen [...]".[10] (Lernet-Holenia, 1933b: 120)

La canción que supone el mayor éxito musical de Montemayor, "Castelliana", funciona como motivo recurrente en la novela, puesto que, cuando todo se resuelve, el taxista Sponer escucha la melodía en la calle, de modo que el círculo se cierra:

Er brauchte über eine halbe Stunde, ehe er in seine Gegend kam. Aber er schlug nicht die Richtung nach seiner Wohnung ein, sondern er ging auf das Haus der Fialas zu.

Er kam an einem Leierkastenmann vorbei, der im rieselnden Regen stand. Das Instrument war mit einer Plache bedeckt.

Er spielte die „Castilliana".

Sponer, im Vorbeigehen, warf ihm ein Geldstück zu, denn das Lied rührte irgend etwas in seinem Innern sonderbar an. Es kam ihm bekannt vor, aber er wußte nicht mehr, was es war.[11] (Lernet-Holenia, 1933b: 247)

## 5. 3. *El estandarte*

Del año 1934 data la publicación de la novela más reconocida de Lernet-Holenia, *El estandarte*. Así lo indica, entre otros, Claudio Magris cuando escribe:

La sua opera più significativa è però il romanzo *Die Standarte* (1934), quadro dello sfacelo absburgico. È un racconto non privo di colore, di suggestione e di un intimo senso di tragica fatalità, dell'irreparabile rovina del vecchio impero. Questa viene colta sia nei suoi aspetti esteriori – la sconfitta e, ancor più, il dissolversi dell'unità morale dell'esercito nei risentimenti nazionali dell'esercito nei risentimenti nazionali – sia in

---

[10] «"¿Quiénes sois?", preguntó la joven, es decir, ya que hablaba en español, dijo textualmente: "¿Quiénes son vuestras mercedes?"

"Somos", respondió Montemayor, "vaqueros y peones de los Estados Unidos, que hemos cruzado la frontera para conocer las bellezas de México"».

[11] «Tardó más de media hora en llegar a su barrio. Pero no se dirigió a su casa, sino que emprendió el camino hacia la vivienda de los Fiala.

Pasó frente a un organillero, que estaba parado en medio de la llovizna. El instrumento estaba cubierto con una lona.

Tocaba la "Castellana".

Sponer, al pasar, le lanzó una moneda, pues la canción removió algo en su interior de manera extraña. Le parecía que la conocía, pero ya no sabía cuál era».

quelli interiori, nella vana stanchezza spirituale che sfibra i pur valorose difensori dell'impero.[12] (Magris, 2009: 270)

La trama comienza diez años después de terminada la I Guerra Mundial, y el narrador en primera persona relata cómo asistió a una fiesta en la que se topó con Menis, el protagonista de la novela. Dos años más tarde, volvió a encontrarse varias veces con él y, en una de ellas, ve cómo Menis le da una limosna a un mendigo inválido, probablemente a causa de la guerra. Después de caminar junto al narrador y hablar sobre la mendicidad, se topa con un nuevo mendigo ciego que pertenecía a su regimiento, el acompañante le pregunta si conoció a un tal Menis, y el mendigo le contesta afirmativamente, puesto que fue abanderado del regimiento durante un cierto tiempo. Aquí Menis aparta a su interlocutor del mendigo y le cuenta su historia, que L. F. Moreno Claros (*El País*, 1-2-2014) resume así en su breve reseña sobre la traducción de la obra al castellano[13]:

> *El estandarte* es una novela de aventuras ambientada en el último año de la I Guerra Mundial, cuando la debacle de la disolución del Imperio austrohúngaro era irrefrenable; así que también aporta una visión cercana de la atmósfera que se respiraba entre los soldados "que se habían convertido en proletarios", y se negaban a luchar bajo las enseñas de un imperio al que ya no se sentían fieles; polacos, rutenos, checos o húngaros se despojaban de sus uniformes y desobedecían las órdenes de sus oficiales, incapaces de reprimir la insurrección. [...] El protagonista de *El estandarte* es alférez de caballería –arma en la que sirvió Holenia–. Este fogoso guerrero se enamora de la bella Resa –dama de honor de la archiduquesa de Austria– al verla durante una representación de *Las bodas de Fígaro*. Ni corto ni perezoso, se las ingenia para declararle su amor irrumpiendo en el palco real durante un descanso de la obra, y ahí comienzan sus peripecias. A fin de apartarlo de la muchacha lo trasladan fuera de Belgrado justo en la época en que comienzan las insurrecciones de la tropa. Durante la primera formación de su nuevo regimiento, el protagonista ve por primera vez el estandarte al que ha de jurar fidelidad; de inmediato queda electrizado por su poder magnético: ¿cómo es que ese trozo de tela ajada condujo a tantos hombres a la muerte? La fidelidad a aquel símbolo hará peligrar su amor y su vida.

Finalmente, quemará el estandarte, ante la convicción de que para los vivos ya no representa nada, y retoma su amor por Resa, que había quedado en un segundo plano ante el poder magnetizador y simbólico del estandarte. Ahora Menis hace

---

[12] «Su obra más significativa, sin embargo, es la novela *Die Standarte* (1934), un retrato de la debacle habsbúrgica. Es un relato no exento de color, de sugestión y de un sentido íntimo de la fatalidad trágica, de la ruina irreparable del antiguo imperio. Esto se capta tanto en sus aspectos externos –la derrota y, más aún, la disolución de la unidad moral del ejército en los resentimientos nacionales– como en los internos, en el vano cansancio espiritual que desgasta a los valientes defensores del imperio».

[13] Se refiere a la traducción de Annie Reney y Elvira Martín: A. Lernet-Holenia, *El estandarte*, prólogo de I. Vidal-Folch, Barcelona: Libros del Asteroide, 2013.

balance de su vida, y aquel tiempo pasado y desaparecido parece ser lo más importante, por encima incluso de su amor por Resa, con quien se ha casado y tiene hijos.

La primera referencia que encontramos en la novela acerca de la cultura hispana está inmersa en el nombre de un regimiento: «Und man hatte ihnen doch ehemals gesagt, wer sie wären: Soldaten in glänzenden Regimentern, Infanterieregiment König von Spanien zum Beispiel»[14] (Lernet-Holenia, 1996: 12-13).

Más significativo resulta el siguiente pasaje:

> In der Tat sahen wir nun, noch auf einige Entfernung vor uns, mitten im Verkehr einen Menschen, der in unbequemster Haltung auf einer Geige spielte, die er in der Weise sozusagen auf dem Schoß hielt, dass er im Stehen so tat, als säße er. Diese Geige bestand, wie wir im Herankommen merkten, wirklich nur aus einem Stock und einer Zigarrenschachtel. Er spielte eben die »Paloma«, sogar recht virtuos, obwohl er nur eine oder zwei Saiten hatte. Die »Paloma« ist ein sehr schwermütiges Lied. Vor seiner Erschießung soll Maximilian von Mexiko sich's noch einmal haben vorspielen lassen, und wir hatten einmal ein Küchenmädchen, die sang das Lied fast fortwährend, bevor sie, aus unglücklicher Liebe, hinging und sich ertränkte. Es ist wirklich ein trauriges Lied. Aber es schien Menis gar nicht zu rühren.[15] (Lernet-Holenia, 1996: 14-15)

"La Paloma" es, efectivamente, una habanera muy popular –tal vez, la más conocida de ese género vocal– y lo fue también en el ámbito cultural germano, sobre todo, en la versión de Hans Albers (1891-1960), el más famoso actor y cantante alemán de entreguerras, que la interpretó en la película de Helmut Käutner *Große Freiheit Nr. 7* (1944); sin embargo, previamente, en el mismo año de la publicación de la novela, la canción es interpretada igualmente en la película *La Paloma. Ein Lied der Kameradschaft* (1934), de Karl Heinz Martin y Robert Neppach. Dadas las fechas indicadas, es muy posible que Lernet-Holenia conociese la canción antes de que se popularizase en el ámbito germano. Conviene recordar que se trata de una composición de un autor español y no americano, como a veces se piensa. Se trata de

---

[14] «¡Y se les había dicho antes quiénes eran: soldados de regimientos espléndidos, como por ejemplo el Regimiento de Infantería Rey de España».

[15] «De hecho, ahora vimos, todavía a cierta distancia delante de nosotros, en medio del tráfico, a un hombre que tocaba en la postura más incómoda un violín que sostenía en su regazo, por así decirlo, de tal manera que cuando estaba de pie fingía estar sentado. Este violín, como comprobamos cuando nos acercamos, en realidad solo consistía en un palo y una caja de puros. Estaba tocando la "Paloma", incluso con bastante virtuosismo, aunque solo tenía una o dos cuerdas. "La Paloma" es una canción muy melancólica. Antes de ser fusilado, se dice que Maximiliano de México la hizo tocar para él una vez más, y hubo un tiempo en que tuvimos una empleada de cocina que cantó la canción casi continuamente antes de que, por un amor infeliz, fuera a ahogarse. Realmente es una canción triste. Pero no pareció conmover a Menis en absoluto».

Sebastián Iradier[16] y Salaverri (1809-1865) y la fecha aproximada de su composición sería 1861, una vez que el autor, de origen alavés, visitara la isla de Cuba, entonces colonia española.

Ilustración 2. Partitura de una versión alemana de "La Paloma" ("Die Taube")

[16] A veces, el apellido aparece escrito como Yradier.

Sobre la alusión al emperador Maximiliano de México y la interpretación de la melodía antes de su ejecución, no parece ser más que una leyenda carente de fundamento, pero que posteriormente tendría una gran divulgación a raíz de la película *Juarez* (1939), de William Dieterle –cuyo guion se basa en la obra teatral *Juarez und Maximilian* (1925), de Franz Werfel (1890-1945)[17]– en la que se reproduce. No obstante, Lernet-Holenia aludirá en alguna otra ocasión a tal hecho legendario, como veremos

Una última referencia hispana en la novela *El estandarte* tiene que ver, de nuevo, con el nombre de un regimiento: «Ich hatte ein paar Freunde vom Regiment Beide Sizilien getroffen, wir gingen von Saal zu Saal und hörten den Generalen zu, die uns ansprachen»[18] (Lernet-Holenia, 1996: 304). En efecto, los territorios de Sicilia y Nápoles, vinculados a Aragón, son, a partir de 1713, gobernados por Austria, pero a partir de 1737 son gobernados de nuevo por los Borbones españoles y, posteriormente, a partir de Carlos III, por una rama menor de ellos, creándose en 1816 el Reino de las Dos Sicilias, cuya existencia se prolonga hasta 1860, tras la conquista de Garibaldi. A él se volverá más adelante, para hablar de la novela que toma su título del de dicho regimiento.

## 5. 4. *La resurrección de Maltravers*

Publicada en el año 1936 en Viena, Leipzig y Zúrich por la editorial de Herbert Reichner, *La resurrección de Maltravers* (*Die Auferstehung des Maltravers*) es la séptima novela de su autor y tiene una trama ciertamente intrincada, como algunas otras que más adelante se verán.

Georg, Conde de Maltravers, tras haber cumplido una pena de veintidós meses de prisión, llega a Jablonitz para visitar a su hermano Alexander. Al llegar, este le dice que tiene un compromiso al que acudir, junto con su esposa. Georg se acomoda en su habitación y los oye regresar.

---

[17] No se nombra la canción, sin embargo, en esta obra de Werfel, aunque sí se indique en las didascalias que «Ehe der Vorhang aufgeht, hört man eine angenehme Tenorstimme, die zum Habanera-Rhythmus einer Guitarre einen schmerzlichen Gesang vorträgt» («Antes de que se levante el telón, escuchamos una agradable voz de tenor que entona un doloroso canto acompañado por el ritmo de habanera de una guitarra», [Werfel, 1924: 28]), o nos diga la emperatriz Charlotte, acerca de otro personaje: «Aber Bazaine hat mit seiner kleinen Señora die Habanera getanzt» («Pero Bazaine bailó la habanera con su pequeña señora» [*op. cit.*, p. 42]). El único título musical al que se hace referencia aparece en las palabras finales de la obra, ya muerto el emperador y justo antes de caer el telón, y no es precisamente "La Paloma": «spielt die Chinaca, Mexikos rasche Revolutionshymne» («toca La Chinaca, el rápido himno revolucionario de México» [*op. cit.*, p. 195]).

[18] «Me encontré con unos amigos del regimiento de Las Dos Sicilias, fuimos de sala en sala y escuchábamos a los generales que nos hablaban».

A la mañana siguiente le informan de que su hermano y su cuñada no están tampoco. Al regreso, Georg le dice abiertamente a Alexander que sabe que su cuñada no quiere verlo por haberse opuesto a su matrimonio. Georg sale de caza y se le dispara la escopeta afectándole a una mano. La herida no parece ser grave, pero, habiéndose levantado frecuentemente a la ventana, contrae una pulmonía y fallece. Antes de ello, pide que le impongan las manos, y lo hace, ante su insistencia, un amigo, caballero de la orden de Malta, Anne La Baume.

Depositado el cadáver en la capilla, Alexander lo visita y se da cuenta de que ha desaparecido. Piensa que tal vez no estuviese muerto y que pudo haber saltado por la ventana (puesto que la capilla estaba cerrada con llave), y efectivamente, ve huellas que así lo atestiguan. Regresa a casa, pensando que podría estar allí, y ve las ropas húmedas del uniforme de su hermano en el suelo de la habitación. Quiere mantener en secreto esta situación por el perjuicio que el escándalo pudiese suponer para una familia noble como la suya (pensando, sobre todo, que Georg pretendía hacerse pasar por muerto), y se lleva a cabo el funeral y el entierro del ataúd vacío.

Ahora Georg recuerda los hechos. Despertó en la capilla y cayó al suelo desde el ataúd, encendió la luz y fue consciente de lo que pasaba, pensó que todo se debía a su cuñada Cecile, a la que lo mismo le daría enterrarlo muerto que vivo. En la capilla, vio un escudo heráldico con el lema *Ressuscite, Fortescue!*, parece que un antecesor suyo, que luchó contra los turcos, fue un tal Hugh Fortescue-Maltravers, de modo que decide tomar la identidad de Georg Hugh Fortescue, conde de Maltravers. Luego salió, efectivamente, por la ventana, entró en el castillo sin ser visto y viajó a Praga, refugiándose en casa de La Baume, a quien considera su salvador, por haberle impuesto las manos. Le pide dinero para viajar a París, prometiéndole un buen comportamiento moral y, finalmente, lee en el periódico una crónica de su propia muerte, en la que se le califica de aventurero vividor, que ha dilapidado la fortuna de sus dos mujeres y que ha pasado por la cárcel.

Ya en París, visita a un tal Gomez, un español mediador en transacciones financieras, que se queda sorprendido al verlo, pues lo creía muerto. Una vez que Maltravers le cuenta su historia, van juntos a una velada de boxeo, donde toman interés por un joven boxeador, que se hace llamar Dan Holland, pero cuyo verdadero nombre es Henrikstein. Maltravers trata infructuosamente de verlo tras la velada, pero logra salvarlo de la policía cuando es sorprendido llevando a cabo un timo en la calle. A partir de aquí ya puede hablar con él. En conversación con Gomez, pone a la Bella Otero como ejemplo de personaje que oculta su verdadera personalidad, al hacerse pasar por gitana. Maltravers quiere hacer de Henrikstein un nuevo Maltravers joven, que viva una vida nueva dirigida por él.

Henrikstein está enamorado de Lola Nowy, una cabaretera originaria de Fiume, en la actual Croacia, pero Maltravers pretende que seduzca a la mujer de Lavasseur, un poderoso industrial. Fracasada la seducción, Maltravers decide viajar a Roma con Henrikstein. Llegados a Roma, Maltravers compra un coche, con el que enseña a conducir a Henrikstein; luego entran en contacto con una pariente venida a menos, Liebenwein, que ocasionalmente ejerce la prostitución, y con Des Essartes, para que los introduzca en la alta sociedad romana.

En una fiesta en casa de este último, entra en contacto con el Conde Montalto, a quien ya conocía de su paso por Milán, y este le pregunta si es pariente del conde Maltravers, a lo que responde que no, con lo que Montalto empieza a contar su historia hablando mal de él. Lola viaja a Roma para encontrarse con Henrikstein, y juntos planean una nueva vida, independiente de Maltravers: él volverá al boxeo y ella a trabajar en un cabaret romano.

Antes de una recepción en el palacio real, los Soria, familia de origen español, son informados de que la hija, Alba, no puede presentarse en dicha recepción; las causas, expuestas tras la insistencia del padre, son debidas a su relación con dos delincuentes: Maltravers y Henrikstein, particularmente con el último, con quien se dice que tiene relaciones amorosas. Montalvo, al enterarse, dice que no lo cree y le pide al padre la mano de su hija. Por su parte, Henrikstein vence en su combate de boxeo en Roma y se siente muy ufano, hasta que los Alba, padre e hija, irrumpen en su hotel para reprocharle su condición de truhan y haber seducido a Alba.

Henrikstein no entiende nada y va en busca de Liebenwein, que le explica todo: cómo Maltravers lo ha utilizado, cómo Gomez (que ya ha fallecido), otro truhan, contó su intento de seducción a la mujer de Des Essartes en París y cómo Montalvo filtró todo a la reina para que no recibiese a Alba Soria y de esa manera, su prometido rompiese el compromiso con ella y él pudiese ofrecerle su mano, que, por cierto, Alba rechazaría para entrar en un convento. Henrikstein se entera por Liebenwein de que Maltravers se halla en Venecia, en el Lido, y se presenta en el hotel para pedirle explicaciones; cuando se encuentra en plena discusión, aparece Lola, que se ha enterado de que el prometido de Alba Soria, Spadaro se encuentra también en Venecia buscando a Henrikstein para hacerle pagar lo que ha hecho con su prometida.

Maltravers hace que Henrikstein y Lola se vayan y él se queda para enfrentarse con Spadaro. Le confiesa que el culpable de todo es él y no Henrikstein y recibe dos disparos del agresor. Antes de morir, baja al vestíbulo y allí le entrega su dinero a Henrikstein para que haga con él lo que quiera, y al poco rato fallece.

La primera referencia al mundo hispano que encontramos en esta intrincada novela aparece al inicio del tercer capítulo, cuando el narrador se refiere a «Einem spanischen Agenten in Paris, der Gomez hieß...»[19] (Lernet-Holenia, 1979: 47). Posteriormente, el personaje principal de la novela, Maltravers, recurre a la figura de la Bella Otero como ejemplo de ocultación de la verdadera personalidad, al hacerse pasar por gitana, y se presenta él mismo como el descubridor de la verdadera:

---

[19] «A un agente español en París, cuyo nombre era Gómez».

„[...] Die Leute bemerken immer nur die Aufmachung. Ohne Aufmachung sehen sie einfach nichts. Sonst wäre es ja auch nicht möglich, dass zum Beispiel die Otero jahrelang ganz unbeachtet auf einem Zigeunerwagen umherziehen konnte, bis sie endlich entdeckt wurde. Wissen Sie, nebenbei, wer die Otero entdeckt hat?"

„Nein."

„Ich", sagte Maltravers.[20] (Lernet-Holenia, 1979: 80)

Agustina Otero Iglesias (1868-1965), que así se llamaba en realidad Carolina Otero (conocida como "La Bella Otero"), tuvo una vida pública de cantante y bailarina reconocida internacionalmente, con giras exitosas por Estados Unidos, Argentina, Uruguay, Brasil, Inglaterra, Austria, Rusia o, incluso, Japón; y fue amante de los cabezas de las principales casas reales europeas y de miembros destacados de las mismas (el Káiser Guillermo II, el gran duque Pedro Nikolaevich, nieto del zar Nicolás I, el rey Leopoldo II de Bélgica, el príncipe de Gales y futuro rey Eduardo VII de Inglaterra, el príncipe Alberto de Mónaco o el rey Alfonso XIII de España); sin embargo, es cierto que se construyó una biografía novelesca para transmitir una imagen bien distinta de la real y, a tales efectos, dictó sus memorias al periodista Claude Valmont y conjuntamente escribieron *Les souvenirs et la vie intime de la Belle Otero* (1926) (vid. Otero, 1926). Sobre el caso concreto de la modificación de los verdaderos orígenes de la cantante y bailarina, que se menciona en la novela, nos dice Xavier Costa Clavell:

En primer lugar, la Bella Otero no se llamaba realmente Carolina, sino Agustina. Era hija de una mujer soltera y llevaba los dos apellidos de la madre: Otero Iglesias. Los datos constan en el folio 193 del Libro V de partidas bautismales de la feligresía de Valga –pequeña localidad gallega próxima a Padrón, donde nació Rosalía de Castro–, folio que corresponde al 20 de diciembre de 1868. La niña había nacido el 4 de noviembre del mismo año. La madre de la que había de deslumbrar con su belleza a Europa entera vivía en una pobre casa de la aldea de Cordeiro, de donde proviene el mote de «la Cordeirana» que llevó la Bella Otero en sus años infantiles. (Costa Clavell, 1979: 111)

Y, más adelante, comenta específicamente la supuesta condición gitana de la cupletista:

Este origen humilde de Carolina Otero está documentalmente comprobado y en vano intentó ella inventar en sus *Memorias* una prosodia ribeteada de románticos rasgos

---

[20] «"[...] La gente sólo se fija en la presentación. Sin la presentación, simplemente no ve nada. De lo contrario, no sería posible que la Otero, por ejemplo, pudiera deambular en un carromato gitano durante años de forma totalmente desapercibida hasta que finalmente fue descubierta. ¿Sabes, por cierto, quién descubrió a la Otero?"

"No".

"Yo", dijo Maltravers».

elitistas. La famosa bailarina y cupletera le hace decir al periodista Claude Valmont –responsable literario de las *Memorias de la Bella Otero*– que había nacido en Cádiz y que era fruto de los apasionados amores de su madre, una gitana llamada Carmen, con un aristocrático oficial del Ejército griego apellidado Carlsson. Mientras fueron amantes, los supuestos padres de la Bella Otero llevaron una vida de lo más novelesco que se pueda imaginar. La madre, cuando el apuesto y noble oficial griego la conoció, iba por los pueblos de Andalucía cantando, bailando y derrochando su salero gitano aquí y allá. En un sitio bailaba; en otro, cantaba; en el de más allá decía la buenaventura. Así, libre como los pájaros, se ganaba la vida haciendo lo que le gustaba. Todo cambió –según la ingenua y fantástica imaginación de la Bella Otero– cuando Carlsson se unió a Carmen. El noble oficial se enamoró perdidamente de la hermosa y temperamental gitana. La requebró un día y otro, hasta que, por fin, consiguió hacerla suya. Primero –siempre de acuerdo con las amañadas *Memorias* de la bailarina–, la gitana y Carlsson fueron amantes y después se casaron. (Costa Clavell, 1979: 113)

.

Ilustración 3. La Bella Otero con aspecto de andaluza

La historia inventada por Carolina Otero sobre sus orígenes y la relación de sus padres, como se puede apreciar, guarda estrechas similitudes con la relación amorosa estereotipada del oficial y la gitana, que recoge Prosper Mérimée en su novela *Carmen* (1845) y que Georges Bizet llevó al mundo de la ópera en su pieza homónima, estrenada en 1875. Lernet-Holenia, por tanto, elige bien su ejemplo sobre la modificación de la propia personalidad, que caracteriza al personaje de Maltravers

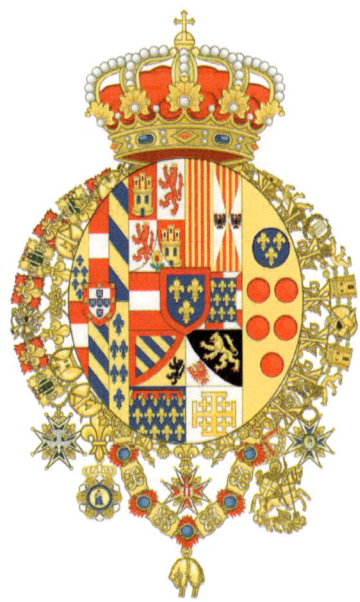

Ilustración 4. Escudo de armas del Reino de las Dos Sicilias, que incluye los de Castilla, León y Aragón, así como el Toisón de Oro y las órdenes de Carlos II y de San Fernando

Ya en otra sucesión de cosas, cabe mencionar además, la alusión a la orden española del Toisón de Oro («der spanische Orden vom Goldenen Vlies» [Lernet-Holenia, 1979: 111]); a Madrid y Barcelona, entre las ciudades en las que Maltravers podría haber desempeñado el papel de un caballero (cf. Lernet-Holenia, 1979: 164); e igualmente resulta significativa la alusión a comunidades y ciudades españolas, así como al Reino de las Dos Sicilias («[…] Kastilien, Leon und Aragon, Granada und die Inseln des Ozeans, Beide Sizilien […]»[21] (Lernet-Holenia, 1979: 190); pero, sobre todo –y porque desempeña un cierto papel en la trama novelesca– a la familia, de origen español, apellidada Soria y a su hija Alba, de nombre también significativo:

---

[21] «[…] Castilla, León y Aragón, Granada y las islas del océano, las Dos Sicilias […]».

Der Adel der –ursprünglich spanischen– Familie war übrigens zweifelhaft. Sie hatte sich durch Industrien hinaufgebracht. Soria selbst aber war kaum mehr tätig. Nach seiner zweiten Frau Tode tat er Alba ins Kloster, ging eine Zeit auf Reisen und lebte, SEIT Alba wieder bei ihm war, teils in Rom, teils auf seinem Landgut Torre de' Conti.[22] (Lernet-Holenia, 1979: 174)

### 5. 5. *El hombre del sombrero*

Del año 1937 data la publicación de *El hombre del sombrero* (*Der Mann im Hut*), la octava novela de su autor, que llevó a cabo la editorial de Samuel Fischer en Berlín, y cuyo argumento no parece, en principio, tener mayores vinculaciones hispanas. Un resumen de este sería el siguiente.

El protagonista entra en un casino de Budapest para encontrarse con alguien, y allí repara en una persona que no hace más que perder en su juego. Él apuesta contra el perdedor y así gana una suma considerable, luego se presenta al mismo y le explica lo que ha hecho, ofreciéndole la mitad de sus ganancias, pues considera que, en cierto modo, se las debe a él. El perdedor las rechaza en principio, pero luego las acepta como un préstamo.

Tiempo después, ambos vuelven a encontrarse en un accidente automovilístico, en el que se ven involucrados y, mientras esperan a que el taller solucione los desperfectos, el perdedor, que viaja acompañado de una mujer húngara que no entiende su idioma, le cuenta su historia, que el narrador transcribe con sus palabras, cambiando, por tanto, algún nombre propio. Se llama Nikolaus Toth, y su padre, comerciante, lo envía a la región de Tokaj, en Hungría, para comprar vino de las últimas cosechas. La ascendencia por vía materna de Toth es húngara. En Tokaj, se le acaba el dinero y queda en deuda con el almacén del pueblo. Trata de vender su coche infructuosamente, y un buen día, cuando se ocupa de estos asuntos con el dueño del almacén, observa a un forastero que se hace con unos mapas del lugar. Toth, desesperado por su situación, pasa el tiempo bañándose en el río y, desde allí, observa a lo lejos cómo el forastero recorre las colinas cercanas. Ambos entran en contacto jugando una partida de cartas, en la que Toth pierde una gran suma de dinero, que el forastero, llamado Clarville, le perdona con la condición de que lo lleve en su coche a recorrer las inmediaciones, pues lo que él busca es la tumba de Atila, que considera que se halla en alguna de las colinas cercanas.

En uno de esos recorridos en coche, se pierden un día de tormenta y llegan a una población en la que, preguntando dónde se encuentran, conocen a una joven, Marika,

---

[22] «La condición nobiliaria de la familia –originalmente española– era, por cierto, dudosa. Se había hecho a sí misma a través de actividades industriales. El propio Soria ya apenas tenía actividad. Tras la muerte de su segunda mujer, metió a Alba en un convento, viajó durante un tiempo y, desde que Alba estuvo de nuevo con él, vivía en parte en Roma y en parte en su finca de Torre de Conti».

que vive en una situación precaria tras haberse quedado huérfana, y que se asusta al ver la sombra de Clarville con un enorme sombrero, lo cual le hace pensar en la tradición fantasmagórica del hombre del sombrero, que circula por aquellas tierras. Se cuenta la historia de Marika, su situación precaria y sus extrañas actitudes (visión de fantasmas, levitación, producción de extraños ruidos, etc.) y el narrador (Toth) declara su deseo de casarse con ella.

Clarville, ante el relato de la creencia en fantasmas de la joven y de los habitantes del pueblo, cree estar cerca de la tumba buscada. Exploran las colinas cercanas y encuentran una capilla, que piensan que se trata de una capilla sepulcral. Parece que han encontrado su meta, pero, ante la sorpresa de Toth, Clarville opta por regresar y almorzar, las medidas para recuperar el tesoro de Atila podrían tomarse más tarde. Toth acrecienta su interés por Marika, pero se entera de que el jefe de una banda de bandidos, apodado 'El Muchacho', tiene también interés por ella, y van juntos a una boda. Toth irrumpe en esta y saca a bailar a Marika, El Muchacho y él se enfrentan y, posteriormente, ya en la posada, Toth va a la habitación de Marika y ambos se confiesan su amor mutuo. Irrumpe El Muchacho en la estancia y Toth lo golpea de tal modo que lo deja casi muerto. Luego lo entrega a la policía. Ahora se descubre que la capilla sepulcral era la guarida de los miembros de la banda. Cuando se encaminan hacia allí, la banda del Muchacho los ataca y Clarville es alcanzado por una bala y resulta muerto. Llegados a la capilla, se inspecciona todo y aparece una falsa estancia con muchos cadáveres, que resulta ser el lugar de enterramiento de los nibelungos. Toth revisa la documentación de Clarville y se da cuenta de que es falsa, de modo que se ignora el nombre verdadero y el lugar de procedencia del amigo. Asiste a su entierro y paga todas las deudas con el dinero que le ha pedido a su hermano por medio de un telegrama, y se va con Marika con la intención de casarse con ella.

A comienzos del segundo capítulo, el narrador, Nikolaus Toth, haciendo recuento de sus antecedentes familiares, nos dice que su padre era comerciante de vinos, y, entre sus tareas estaba la de llevar a Bremen vinos de diversas procedencias, entre ellas, del sur de España (cf. Lernet-Holenia, 1976: 15). En el capítulo siguiente, en el marco de una comparación intrascendente, un personaje alude al pueblo cántabro, en los siguientes términos: «So ungläubig können doch, meinem Ermessen nach, weder der rauhe Kantabrer noch der schnelle Parther, der im Fliehen kämpft»[23] (Lernet-Holenia, 1976: 30). Otra comparación significativa, ahora en el capítulo octavo, nos dice: «Ich schloß die Küchentür und öffnete die nächste. Es war das Büro. Der Wirt saß darin mit der Miene eines beleidigten Granden von Spanien und rauchte Zigaretten»[24] (Lernet-Holenia, 1976: 166).

---

[23] «Tan incrédulos no pueden ser, según mi parecer, ni el rudo cántabro ni el veloz parto que aún combate en la huida».

[24] «Cerré la puerta de la cocina y abrí la siguiente. Era la oficina. El propietario estaba sentado dentro, con la expresión de un Grande de España ofendido, y fumaba cigarrillos».

Mayor trascendencia tendremos que conceder a esta otra referencia que aparece en el capítulo final de la novela, cuando Toth revisa la documentación de Clarville y encuentra una billetera que describe así el narrador: «Auf eine Brieftasche, die leer war, war ein Wappen aufgepreßt, ein Spargelfeld darstellend. Die Devise lautete: Mein Glück wächst nach»[25] (Lernet-Holenia, 1976: 285). Tal divisa parece ser un guiño al *Quijote*, puesto que en el capítulo XVIII de la primera parte de la novela cervantina, donde se narra la aventura de los rebaños, la imaginación del héroe cree ver en ellos un ejército, cuyos miembros más destacados identifica para Sancho. El último caballero descrito por el hidalgo de La Mancha es el siguiente:

> El otro que bate las ijadas con los herrados carcaños a aquella pintada y ligera cebra y trae las armas de los veros azules, es el poderoso duque de Nervia, Espartafilardo del Bosque, que trae por empresa en el escudo una esparraguera con una letra en castellano, que dice así: «Rastrea mi suerte». (Cervantes, 2004: 159)

## 5. 6. *Las Dos Sicilias*

También aparecida en Berlín, en 1942, ahora en la editorial Suhrkamp, la novela *Las Dos Sicilias* (*Beide Sizilien*) tuvo una cierta repercusión debido a su carácter policíaco, que la acerca a la cultura popular, pero, por eso mismo, fue una obra infravalorada que se consideró próxima a la literatura de entretenimiento (*Trivialliteratur*).

La historia se desarrolla en Viena tras la Primera Guerra Mundial, y sus protagonistas son los antiguos miembros del regimiento de Las Dos Sicilias. Cuando uno de ellos aparece muerto en una fiesta y otro desaparece poco después, muchos piensan que los sucesos están relacionados con el interés de todos ellos por la hija del coronel de dicho regimiento. No obstante, la policía se muestra incapaz de resolver el misterio y van muriendo otros miembros del regimiento, la mayoría de forma violenta, aunque la muerte del coronel parece ser natural. El desenlace tiene que ver con un complicado caso de suplantación de identidad entre un excéntrico personaje llamado Gasparinetti y un militar del ejército ruso, Pufendorf, pretendiente además de la hija del coronel. El motivo del doble se muestra de forma tan enrevesada que es difícil saber cómo se ha llevado a cabo cada asesinato, y algunas muertes, por ser totalmente casuales, resultan todavía más inexplicables, de modo que el final deja abiertos muchos interrogantes.

---

[25] «Sobre una billetera, que estaba vacía, había un escudo prensado que representaba un campo de espárragos. La divisa decía: rebrota mi suerte».

Más allá del propio título de la novela, que da nombre al regimiento de Las Dos Sicilias, de claras connotaciones hispanas, como ya se ha mencionado a propósito de *El estandarte*, hacia el final de la obra encontramos de nuevo el motivo de la canción "La Paloma" –también mencionada en *El estandarte*–, aquí en boca del personaje Gasparinetti, que la canta en español:

> Gasparinetti aber sang halblaut vor sich hin, zuerst andre Lieder, danach die Paloma, und zwar auf spanisch, wie um zu beweisen, dass er wirklich in Mexiko gewesen sei: „Cuando salí de la Habana, válgame Diós..."[26] (Lernet-Holenia, 1973: 259)

Poco más adelante, el mismo personaje decide emprender un viaje, y justifica así tal decisión:

> Meine Erinnerungen an Mexiko, die Paloma, durch deren Absingung ich mir gestattet habe, den Schlaf der Herrschaften zu stören, sowie einiges andre haben mich nämlich einen plötzlich Entschluß fassen lassen.[27] (Lernet-Holenia, 1973: 260)

La letra de la canción "La Paloma" fue adaptada al alemán por diversos autores; probablemente la adaptación más popular fuese la de Helmut Käutner (1908-1980), que nada tiene que ver con el original español, como se ve en la siguiente reproducción de ambas:

| | |
|---|---|
| Cuando salí de la Habana, | Ein Wind weht von Süd |
| ¡Válgame Dios! | Und zieht mich hinaus auf See. |
| Nadie me ha visto salir | Mein Kind, sei nicht traurig, |
| si no fui yo, | Tut der Abschied auch weh. |
| y una linda Guachinanga | Mein Herz geht an Bord |
| Sí, allá voy yo, | Und fort muß die Reise geh'n, |
| que se vino tras de mí, | Dein Schmerz wird vergeh'n |
| ¡Que sí, señor! | Und schön wird das Wiederseh'n. |
| Coro: | |
| Si a tu ventana llega | Mich trägt die Sehnsucht fort |
| una Paloma, | In die blaue Ferne, |
| trátala con cariño | Unter mir Meer |
| que es mi persona. | Und über mir Nacht und Sterne. |
| Cuéntale tus amores, | Vor mir die Welt, so treibt mich |
| bien de mi vida, | Der Wind des Lebens. |

[26] «Gasparinetti, sin embargo, cantó medio en voz alta para sí mismo, primero otras canciones y luego La Paloma, cosa que por cierto hizo en español, como para demostrar que verdaderamente había estado en México: "Cuando salí de La Habana, válgame Dios…"».

[27] «Mis recuerdos de México, La Paloma, por cuyo canto me permití turbar el sueño de los señores, así como algunas otras cosas, me han hecho tomar una repentina decisión».

corónala de flores
que es cosa mía.
¡Ay! ¡Chinita que sí!
¡Ay! ¡Que dame tu amor!
¡Ay! Que vente conmigo,
chinita, a donde vivo yo!

El día que nos casemos
¡Válgame Dios!
En la semana que hay ir,
me hace reír,
desde la Iglesia juntitos,
que sí señor,
nos iremos a dormir.
Allá voy yo.
(Coro)

Cuando el curita nos eche
la bendición
en la iglesia Catedral
allá voy yo,
yo te daré la manita
con mucho amor
y el cura dos hisopazos.
¡Que sí, señor!
(Coro)

Cuando haya pasado tiempo
¡Válgame Dios!
De que estemos casaditos
pues sí señor,
lo menos tendremos siete,
¡Y qué furor!
O quince guachinanguitos…
¡Allá voy yo! [28]

Wein nicht, mein Kind,
Die Tränen, die sind vergebens!

Auf, Matrosen, ohe!
Einmal muß es vorbei sein.
Einmal holt uns die See
Und das Meer gibt keinen von uns zurück.
Seemanns Braut ist die See
Und nur ihr kann er treu sein.
Wenn der Sturmwind sein Lied singt,
Dann winkt mir der Großen Freiheit Glück.

Wie blau ist das Meer,
Wie groß kann der Himmel sein?
Ich schau hoch vom Mastkorb
Weit in die Welt hinein.
Nach vorn geht mein Blick,
Zurück darf kein Seemann schau'n.
Kap Horn liegt auf Lee,
Jetzt heißt es Gott vertrau'n.

Seemann, gib acht, im Strahl
Da als Gruß des Friedens
Hell in die Nacht
Das leuchtende Kreuz des Südens.
Schroff ist das Riff,
Und schnell geht ein Schiff zugrunde,
Früh oder spät
Schlägt jedem von uns die Stunde.

Auf, Matrosen, ohe!
Einmal muß es vorbei sein.
Einmal holt uns die See
Und das Meer gibt keinen von uns zurück.
Seemanns Braut ist die See
Und nur ihr kann er treu sein.
Wenn der Sturmwind sein Lied singt,
Dann winkt mir der Großen Freiheit
                                      Glück. [29]

---

[28] https://es.wikipedia.org/wiki/La_paloma_(canci%C3%B3n) (20-4-2015).

[29] «Un viento sopla desde el sur / y me arrastra a la mar. / Hija mía, no estés triste, / aunque duela decir adiós. / Mi corazón va a bordo / y nos vamos. / Tu dolor desaparecerá / Y volver a vernos será hermoso. // Me dejo llevar por la nostalgia / a la distancia azul, / debajo de mí la mar / y sobre mí la noche y las estrellas. / Frente a mí el mundo, así me impulsa / el viento de

## 5. 7. *El Conde de Saint Germain*

La extraña novela *El Conde de Saint Germain* (*Der Graf von Saint Germain*), publicada en Zúrich en 1948, por la editorial Morgarten, tiene un carácter innovador por lo que se refiere a su estructura, tal y como subraya R. Dassanowsky:

> *Der Graf von Saint-Germain* has been called Alexander Lernet-Holenia's most modern novel due to its form, which disrupts and transcends the linear narrative via excursus, leitmotifs, and "internal echoes which establish analogies between nominally discrete experiences or situations, now linked by associations of which at times only the reader can be aware".[30] (Dassanowsky, 1996: 129-130)

La presencia del mundo hispano en esta obra resulta, ciertamente, anecdótica, dado el carácter de la trama, que a continuación se sintetiza.

El autor (Lernet-Holenia) nos advierte, firmando con su propio nombre, que, en el texto que sigue, el Conde de Saint Germain (conocido alquimista y personaje legendario del siglo XVIII, del que se llegó a decir que era inmortal) desempeña un papel decisivo. A continuación, una marca paratextual nos anuncia que lo que sigue es un manuscrito[31] de un expediente incoado por la Gestapo con motivo de la confiscación de los bienes del industrial Philipp Branis, redactado en 1938 y hallado en 1945. Se habla retrospectivamente, en primera persona, del que pasa por ser hijo del protagonista, que en realidad lo es de un tal Karl des Esseintes, con quien su mujer

---

la vida. / No llores, hija mía, / ¡las lágrimas son en vano! // ¡Arriba, marineros, arriba! / Un día ha de terminar. / Un día la mar nos llevará / y la mar no nos devolverá a ninguno de nosotros. / La mar es la novia de un marinero / y solo a ella puede serle fiel. / Cuando el viento de la tormenta canta su canción, / entonces la felicidad de la Gran Libertad me llama. // ¡Qué azul es la mar!, / ¿cuán grande puede ser el cielo? / Miro desde arriba desde la cofa / lejos en el mundo. / Hacia adelante va mi mirada, / ningún marinero debe mirar atrás. / El Cabo de Hornos está a sotavento, / ahora es el momento de poner mi confianza en Dios. // Marinero, ten cuidado, en el rayo / allí como un saludo de paz / clara en la noche / la brillante cruz del sur. / El arrecife es abrupto, / y rápidamente un barco perece, / Temprano o tarde / la hora llega para cada uno de nosotros. // ¡Arriba, marineros, arriba! / Un día ha de terminar. / Un día la mar nos llevará / y la mar no nos devolverá a ninguno de nosotros. / La mar es la novia de un marinero / Y solo a ella puede serle fiel / Cuando el viento de la tormenta canta su canción / Entonces llama la felicidad de la Gran Libertad».

[30] «*El Conde* de Saint-Germain ha sido calificada como la novela más moderna de Alexander Lernet-Holenia debido a su forma, que interrumpe y trasciende la narración lineal mediante excursos, leitmotivs y "ecos internos que establecen analogías entre experiencias o situaciones nominalmente discretas, ahora vinculadas por asociaciones de las que a veces solo el lector puede ser consciente"».

[31] El motivo del manuscrito encontrado constituye un tópico literario, uno de cuyos ejemplos más recordados es el de la novela de Jan Potocki, *Manuscrito encontrado en Zaragoza* (*Manuscrit trouvé à Saragosse*, 1804-1805).

tuvo una relación antes de casarse con él; de cómo un campesino le propone al noble protagonista que, puesto que no puede tener hijos, lo tenga su señor con su esposa, para que así sus bienes, al fallecer, no queden en manos ajenas, y el protagonista acepta acostarse con ella. Se habla también de una cena en la que se tratan cuestiones políticas (en el marco del mandato de Hitler) y cómo los comensales (entre los que se encuentra un diplomático español) discuten entre ellos (en ese marco, se hace referencia a Federico II de Prusia y su relación con el Conde de Saint Germain). Posteriormente, se habla también de la situación afectiva del protagonista: tiene una relación con Maria Klercker, viuda de un tal Rzeplinsky, pero ella se siente atraída (y es correspondida) por Des Esseintes. Por esta atracción mutua, el protagonista, Branis, acecha al rival y lo mata a bastonazos en la oscuridad de una callejuela de la ciudad.

Anteriormente se describe la situación política y las ansias de Alemania de constituirse en un imperio (se dice que, en tiempos de Carlos V, yacía el mundo a los pies de Alemania). Muerto des Esseintes, la mujer de Branis ya no tiene deseos de vivir y muere. Durante su velatorio y en días posteriores, Branis cuestiona la existencia de Dios, y tiene una larga charla de tipo religioso en la que se da cuenta de una escenificación sobre el papel de Pilatos en la muerte de Jesucristo.

Una vez fallecida su mujer, le aconsejan que compre una propiedad para que se entretenga poniéndola en marcha, y compra el palacio de Portendorf, que tiene inquilinos (un viejo militar, su mujer y su sobrina), a los que les permite quedar, pero mudándose al piso superior. La mujer fallece, su marido lo achaca al frío de la planta superior, y culpa interiormente a Branis, luego acabará suicidándose, y la sobrina entrará en una residencia para familias nobles.

Branis se lleva al palacio a su hijo bastardo, a quien no sabe si ama u odia. Visita con cierta frecuencia a un librero, interesándose por los libros sobre el Conde de Saint Germain. El bastardo, con el que vive, da muestras de recordar cosas que ocurrieron siendo muy niño, lo que le parece imposible a Branis, que lo relaciona con su verdadero padre, des Esseintes, de manera que le parece que el niño es el propio padre reencarnado. En una de sus lecturas, cae en la cuenta de que el fallecido des Esseintes era hijo bastardo de nobles. Igualmente, el bastardo refiere el recuerdo de un sueño en el que va a encontrarse con una mujer que realmente es su madre. En ese momento, Branis se da cuenta de que, efectivamente, el hijo es el padre renacido.

Aquí se acaba el escrito de Branis, al que sigue un informe de la Gestapo en el que se da cuenta de que Branis fue linchado por la gente, una vez que con su coche intentó pasar por donde estaba esta reunida, «manifestando su satisfacción por la liberación de la Marca del Este», atropellando a parte de ella. El informe califica este hecho de «justo castigo al asesinato que cometió hace veinte años, el cual nunca pudo ser puesto en claro por la policía Criminal de Austria».

La primera referencia al mundo hispano es la presencia, en una cena de carácter político, del embajador español (Lernet-Holenia, 1977: 19ss.). Más adelante, hay una breve alusión a Carlos V, bien es verdad que en cuanto emperador de Alemania: «Dennoch lag, zu Karls des Fünften Zeit, die Welt zu Füßen der Deutschen»[32] (Lernet-Holenia, 1977: 29). Finalmente, en el marco de una discusión sobre los templarios y su simbología, aparece una nueva referencia histórica, en este caso, a la figura de Felipe el Hermoso:

> »Sie sind«, sagte Bouvines, »wegen ihrer Symbole, oder wie du sonst es nennen willst, zum Handkuß gekommen, die Templer, und Philipp der Schöne hat sie verbrennen lassen und ihre Besitztümer eingezogen. Das kommt von den Symbolen, und auch dir empfehle ich, dich damit möglichst wenig abzugeben – ebenso wenig, zumindest, wie mit deinen Theorien von der misslungenen Erlösung...«[33] (Lernet-Holenia, 1977: 124)

No se trata, en realidad, del padre de Carlos V, conocido igualmente con ese mismo apelativo, sino del rey de Francia Philippe IV le Bel (1268-1314), hijo de Isabel de Aragón y marido de Juana I de Navarra, lo que le confirió el título de Rey de Navarra y Conde de Champaña, por tanto, con claras vinculaciones hispanas. Este rey fue, efectivamente, quien acabó con la Orden del Temple por simples razones de enriquecimiento personal[34]. El pasaje de la novela de Lernet-Holenia, sin duda, hace referencia al ajusticiamiento del último gran maestre de los templarios, Jacques de Molay (*ca.* 1240/44-1314), quemado vivo ante la Catedral de Notre Dame por las instigaciones del rey de Francia y la dudosa intervención del papa Clemente V[35].

---

[32] «Sin embargo, en tiempos de Carlos V, el mundo estaba a los pies de los alemanes».

[33] «Llegaron –dijo Bouvines– al besamanos por sus símbolos, o como quieras llamarlo, los templarios, y Felipe el Hermoso los hizo quemar y confiscar sus bienes. Eso viene de los símbolos, y a ti también te aconsejo que les des poca importancia, tan poca, al menos, como a tus teorías de redención abortiva....».

[34] En palabras de Andreas Beck: «Hay autores franceses que se complacen en subrayar que la razón de estado habría obligado a Felipe a conjurar un peligro no del todo descartable destruyendo a una Orden tan poderosa en el terreno militar. Pero no hay ningún indicio de actitud hostil por parte de los templarios. La única razón para atacar a la Orden era el expolio de sus tesoros. Así, resulta sintomático que la táctica que se siguió para arrestar a los templarios fuese la misma que el rey empleó para desvalijar a los judíos. El motivo debió ser el mismo: el dinero» (Beck, 1996: 15).

[35] Así lo explica Barbara Frale: «Los historiadores han considerado que los prelados escogidos por el papa estaban en total connivencia con Felipe el Hermoso, pero esa opinión es exagerada y los acontecimientos así lo demuestran. Al oír el veredicto de prisión perpetua, el gran maestre y su compañero más fiel, el preceptor de Normandía, Geoffroy de Charny, se rebelaron y proclamaron la completa inocencia del Temple respecto de todas las culpas que le habían sido atribuidas.

A estas alturas, los obispos de la comisión se sentían confusos y decidieron interrumpir la sesión porque un hecho tan insólito requería reflexión y parecía necesario conocer la voluntad del papa. Al ver que aquella solución de compromiso, probablemente propuesta por Clemente V y aceptada por el bando real, se le iba de las manos, el rey comenzó a temer que la desaparición del Temple ya no fuera tan segura y volvió a presentarse a sus ojos el espectro de la absolución o de otro acto imprevisto que pusiera nuevamente en peligro todo el éxito del proceso. Se decidió entonces un golpe de mano para zanjar la

### 5. 8. *El joven Moncada*

Con la novela breve *El joven Moncada* –aparecida en Zúrich en 1954, y publicada por la editorial Rascher–, llena de humor e ironía, nos encontramos ante la obra narrativa más claramente hispana de su autor, puesto que la acción se desarrolla en países hispanos (Argentina y España) y los personajes principales, tal y como se vislumbra en el título, son todos ellos españoles. Se trata, en realidad, de una transcodificación (del teatro a la novela) de la temática que ya vimos en *Comedia española*; su argumento es el mismo, aunque, debido al nuevo género escogido –más proclive a la expansión que a la condensación–, introduce nuevos motivos con respecto a la materia ya tratada teatralmente; por ese motivo, sintetizamos de nuevo la trama argumental, que es como sigue.

El joven Juan Moncada acude a una entrevista de trabajo en una empresa exportadora de Buenos Aires. A pesar de su nula experiencia y disposición, parece ganarse las simpatías del director administrativo, un tal Quejara, y obtiene el puesto. La atracción que Moncada despierta en una de las secretarias de la empresa, Rafaela Andrade, por quien el director parece sentir interés, lleva a una discusión en la que Moncada declara estar prometido en matrimonio con Rafaela y, a continuación, ambos jóvenes abandonan el trabajo y se van a vivir juntos a un hotel de baja categoría, debido a su precaria situación económica.

Semanas más tarde, el embajador de España en Buenos Aires, el conde de Cortés, recibe una carta del padre de Moncada, preocupado por las noticias del inminente matrimonio de su hijo y conmina al embajador a que lo impida. Este se presenta en el hotel y, a pesar de las protestas del joven, su prometida rompe el compromiso una vez oídas las razones que el embajador les transmite, así como la oposición del padre.

Tras un periodo de reclusión en la embajada, Moncada se embarca rumbo a España, y en la travesía conoce a otra joven, Beatriz Pereira, con la que se promete también en matrimonio. Acabada la travesía, desembarcan en Cádiz y emprenden viaje en tren hacia Madrid. En el viaje escuchan una historia amorosa que tiene por protagonistas a un tal Esteban y Marcela (el primero se hace pasar por muerto al ser rechazado por la segunda y esta se arrepiente ante el que cree cadáver de su amado, finalmente el "muerto" resucita y la pareja se confiesa su amor).

La acción se traslada a Madrid, a la vivienda de don Guillermo de Moncada, noble prácticamente arruinado, que vive a costa del encargado de manejar sus

---

cuestión templaria de modo que jamás pudiera reabrirse: el rey mandó secuestrar a Jacques de Molay y Geoffroy de Charny, sustrayéndolos de la custodia legítima de los comisarios, y los condenó a morir en la hoguera en una islita del Sena poco después de las Vísperas» (Frale, 2004: 263-264). Sobre estos hechos, véase también Marie-Anna Chevalier (2012).

finanzas, un tal Antonio Álvarez, que le adelanta dinero, pero que le dice que ya no puede seguir haciéndolo. A su vivienda llega el joven Moncada en compañía de su prometida, Beatriz, y la sirvienta de esta. El joven pide ser recibido por don Guillermo, mientras que las mujeres esperan en otra sala y, ante el viejo –con quien no tiene ningún parentesco, solo coinciden en el apellido–, le confiesa cómo ha estafado al embajador en Buenos Aires, Cortés, escribiendo él mismo la carta de su supuesto padre para que le adelantara dinero, cómo su cómplice, Rafaela Andrade, se quedó con el dinero y él fue embarcado rumbo a España y cómo está ahora a punto de casarse con Beatriz.

La pretensión del joven Moncada es que el viejo acepte pasarse por su padre para que la familia de su prometida dé el visto bueno al matrimonio y, a cambio, la dote de Beatriz beneficiaría también al viejo Moncada, en cuanto supuesto padre. El viejo acaba por aceptar, vista su precaria situación, pero el día antes de la boda irrumpe en la vivienda Rafaela, que ha viajado a España en compañía del embajador Cortés y se ha enterado por la prensa de la inminencia de la ventajosa boda de su antiguo amante y cómplice.

Rafaela pretende casarse con Juan Moncada y obtener así el título de Condesa, y, para ello, amenaza a Juan con revelar a su prometida la verdad de los hechos. Juan, que ama realmente a Beatriz, está dispuesto a confesarle a esta toda su vida anterior y, cuando pretende hacerlo, Beatriz se declara sabedora de todo, puesto que ha investigado a Juan, antes de aceptarlo como marido. Ella está dispuesta a casarse con él de todos modos. Juan hace llamar a Rafaela para rechazar el chantaje y, cuando esta llega a la vivienda de Moncada, lo recibe el administrador Álvarez, que le revela el estado de precariedad económica de la familia y cómo todo se lo deben a él. Ante el conocimiento de esta situación, Rafaela acepta la propuesta de Álvarez de matrimonio, sabedora de que él sí tiene dinero.

El embajador Cortés llega a casa de Moncada y se entera de este nuevo engaño por parte de Rafaela, su actual amante, y el final feliz de los Moncada ante la inminencia de la boda cierra la obra.

En esta novela, el propio título, que recoge el nombre hispano del protagonista, es suficientemente elocuente, y abre, efectivamente, un horizonte de expectativas sobre el mundo cultural en ella reflejado, mundo que se verá corroborado ya en la primera página del relato, al situar el espacio de la aventura en Buenos Aires y declarar la procedencia española del héroe:

> Es ist noch nicht lange her, daß ein gewisser junger Mann den Bureauchef eines Exporthauses in Buenos Aires aufsuchte und ihm den Wunsch mitteilte, eine Anstellung bei ihm zu finden.

„Ich heiße Juan Moncada", sagte er. „Ich bin gebürtiger Spanier, ledig, achtundzwanzig Jahre alt. [...]".[36] (Lernet-Holenia, 1954: 7)

A partir de aquí, nos encontramos con algunos tópicos culturales que evidencian igualmente la sociedad que se pretende reflejar. Así, la franqueza con la que el joven Moncada solicita un puesto de trabajo es considerada por el receptor como reflejo del modo de vida español: «Er hielt all dies für den Ausdruck jener echt spanischen Lebensart, die sich, sonst, schon allzu sehr vermissen ließt»[37] (Lernet-Holenia, 1954: 7). Para acabar de perfilar la semblanza del héroe, se nos dice que este acudía de vez en cuando a las corridas de toros («Hin und wieder", entgegnete Juan, „besuche ich die Stierkämpfe"»[38] [Lernet-Holenia, 1954: 9]) o pescaba en el Guadalquivir («„[...] Ich habe in der Schule ein Cricketmatsch [sic] und eine Angelkonkurrenz im Guadalquivir gewonnen"»[39] [ibidem]).

Al comienzo del segundo capítulo, una carta procedente de «Burgos in Kastilien» (Lernet-Holenia, 1954: 20) nos pone en contacto con un nuevo personaje, el supuesto padre del héroe:

[...] und vor seinen Augen erstand das Bild Don Guillermos de Moncada, des glanzvollen Grafen von Osona [...]. Ja vielleicht hätte selbst sein berühmter Name, die Reinheit seines katalonischen Blutes ihm nicht so viel bedeutet wie eine große Liebe.[40] (Lernet-Holenia, 1954: 21-22)

Llama la atención, a propósito de estos datos, la información que atesora Lernet-Holenia; pues, en efecto, el Condado de Osona –que existió realmente– surgió en torno al año 798, a partir del obispado de esa comarca de la provincia de Barcelona con capital en Vich; la denominación de dicho condado acaba por desaparecer a mediados del siglo XIV, pero, hacia finales de ese siglo, vuelve a resurgir y, antes de pasar definitivamente a la casa de Medinaceli, en 1722, había pertenecido a la casa de Moncada, desde 1574 (cf. Condado de Osona).

---

[36] «No hace mucho tiempo que cierto joven se dirigió al gerente de una casa exportadora de Buenos Aires y le comunicó su deseo de encontrar empleo en ella.

"Me llamo Juan Moncada", dijo. "Soy nativo de España, soltero, de veintiocho años"».

[37] «Consideraba que todo esto era la expresión de esa genuina forma de vida española que, por lo demás, ya era demasiado escasa».

[38] «"De vez en cuando", respondió Juan, "asisto a las corridas de toros" ».

[39] «Gané un partido de cricket en el colegio y un campeonato de pesca en el Guadalquivir».

[40] «[...] y ante sus ojos surgió la imagen de don Guillermo de Moncada, el brillante conde de Osona [...]. Sí, tal vez incluso su famoso nombre, la pureza de su sangre catalana no hubiera significado tanto para él como un gran amor».

En la novela, efectivamente, se habla también del conde de Moncada, pues como tal nos es presentado el protagonista, por parte del Embajador de España en Buenos Aires, un tal conde de Cortés, que lo busca en un hotel: «„Guten Abend", sagte Cortes. „Ich habe in Erfahrung gebracht, daß bei Ihnen ein Graf Moncada wohnt. Ich möchte ihn sprechen"»[41] (Lernet-Holenia, 1954: 25). En realidad, Moncada era un señorío, y sus poseedores fueron igualmente condes de Osona (así, por ejemplo, Guillén Ramón de Moncada y Alagón [† 1670], por citar un nombre coincidente con el que aparece en la novela: Guillermo Moncada[42]). De manera, pues, que no hay ninguna contradicción en identificar a un personaje con ambos títulos.

Otras referencias que aparecen en la novela pretenden ser lugares comunes de la vida hispana. Así, la actitud de la aristocracia española, encerrada en sí misma: «Und er klappte die Dose mit solchem Nachdruck wieder zu, als stellte sie die gegen alle Arten von Eindringlingen sich abschließende spanische Aristokratie vor»[43] (Lernet-Holenia, 1954: 33). O la actitud de la sociedad madrileña, también cerrada y clasista:

> „Aber meine Liebe! Sie kennen die Welt nicht. Sie sind viel zu hübsch und – verzeihen Sie! –zugleich auch viel zu wenig bedeutend, als daß die Gesellschaft von Madrid Sie je akzeptieren würde. Eine häßliche Komtesse als Juans Frau würde man ohne weiteres hinnehmen. Eine Schauspielerin jedoch, die zwar so gut aussieht wie Sie, aber keinerlei Erfolg hat, muß für suspekt gelten."[44] (Lernet-Holenia, 1954: 36)

Más interesantes resultan las alusiones a la situación política de España, que los personajes no parecen tener clara. Veamos el siguiente pasaje:

> „Wir sind hier exterritorial. Wir genießen Immunität. Nur der König, als dessen Gesandter ich meinen Posten angetreten habe, hätte das Recht, über mein Tun und Lassen zu urteilen; und ich bezweifle, daß der König…"

---

[41] «"Buenas noches", dijo Cortés. "Me he enterado de que un tal Conde Moncada se hospeda con usted. Me gustaría hablar con él"».

[42] Para el blasón de los Moncada y una relación detallada sobre la genealogía de esta familia, véase [en línea]: http://www.blasoneshispanos.com/Heraldica/HeraldicaGentilicia/Armoriales/MM/Moncada.htm (11-2-2015).

[43] «Y volvió a cerrar el estuche con tanto vigor como si representara a la aristocracia española cerrándose a toda clase de intrusos».

[44] «"¡Pero querida mía! Usted no conoce el mundo. Es usted demasiado guapa y –¡perdóneme!– al mismo tiempo demasiado insignificante para que la sociedad madrileña la acepte. Una condesa fea como esposa de Juan sería admitida sin ningún reparo. Ahora bien, una actriz tan atractiva como usted pero carente de todo éxito debe ser considerada sospechosa"».

„Der König", schrie Juan, „befindet sich in Österreich und läßt sich dort von einem Professor Neumann den Hals pinseln! Er ist abgesetzt, und an seiner Stelle herrscht das Volk!"

„Das Volk", sagte der Gesandte, „herrscht nie. Es setzt seine Könige nur ab, um sich dafür von jemand anders an der Nase führen zu lassen. Merken Sie sich das, junger Mann!"

„Wer befiehlt also jetzt überhaupt in Spanien? Der Herzog von Madrid, oder Don Juan, oder die Bolschewiken, oder der Caudillo?"

„Man weiß es, im Augenblicke, nicht genau", sagte der Gesandte. „Doch kann es Ihnen auch ganz gleichgültig sein. Denn hier, jedenfalls, befehle ich."[45] (Lernet-Holenia, 1954: 43)

A la pregunta sobre quién manda en España, de las posibles respuestas que se ofrecen, no llaman precisamente nuestra atención las de don Juan o el Caudillo, porque el papel desempeñado por ambos en su época resulta bien conocido (recordemos que la novela se publicó en 1954, aunque el tiempo concreto en que se sitúa la aventura viene señalado al comienzo de la misma con esta alusión genérica: «Es ist noch nicht lange her»[46] (Lernet-Holenia, 1954: 7); sin embargo, sí sorprende la referencia al duque de Madrid, figura absolutamente desconocida por ese título – nunca reconocido oficialmente–, creado por el pretendiente al trono de España, Carlos María de Borbón y Austria-Este (1848-1909) y ostentado también por sus descendientes Jaime de Borbón y Borbón-Parma (1870-1931) y Carlos Hugo de Borbón-Parma (1930-2010). Se trata, por tanto, de una alusión al pretendiente carlista al trono de España, que, si nos movemos en torno a los años 50, en que se sitúa la acción de la novela, debe ser, sin duda, Carlos Hugo de Borbón, que se enfrentaría directamente al régimen de Franco y sería expulsado de España en varias ocasiones y, de manera definitiva, en 1968. Es llamativo, por tanto, el conocimiento de la política española que A. Lernet-Holenia atesora y que desliza en las páginas de su novela.

---

[45] «"Aquí somos extraterritoriales. Gozamos de inmunidad. Sólo el Rey, como cuyo enviado he asumido mi cargo, tendría derecho a juzgar mis acciones; y dudo que el Rey..."

"¡El Rey", gritó Juan, "está en Austria, haciéndose tratar la garganta por un tal profesor Neumann! Está depuesto y el pueblo gobierna en su lugar".

"El pueblo", dijo el enviado, "nunca gobierna. Sólo deponen a sus reyes para ser engañados por otro. Recuérdelo, joven".

"Entonces, ¿quién manda ahora en España? ¿El duque de Madrid o Don Juan o los bolcheviques o el Caudillo?"

"No se sabe con certeza en este momento", dijo el embajador. "Pero puede ser un asunto indiferente para usted. Porque aquí, en todo caso, mando yo"».

[46] «No hace mucho tiempo» .

En el mismo marco político hay que situar la siguiente referencia, que arranca con la llegada del trasatlántico Numancia –en el que el protagonista, Juan Moncada, y su nueva prometida, Beatriz Pereira, viajan a España– al puerto de Cádiz, y la visión de un barco de guerra cercano:

> Eines der Schlachtschiffe zog nah vorüber. Sein Verdeck war leer, Seine Brücke, wie bei einem Flußfrachter, war über dem Heck errichtet. Es hatte drei Drehtürme zu je drei Geschützen, deren Gruppierung – so, zumindest, hätten die Geistlichen behaupten können – den drei Ordnungen der Engel und deren Zahl den neun beweglichen Himmeln der christlichen Lehre entsprach. Es war die „Nelson". Jede ihrer Granaten wäre imstande gewesen, die ganze Numancia zu vernichten, und die Kraft ihrer Maschinen war größer als der Winddruck des Zyklons, den man überstanden hatte.
>
> „Es scheint", sagte Juan, indem er die Schiffe betrachtete, „sie haben etwas vor."
>
> „Es sieht oft so aus", sagte Beatriz. „Aber ich glaube zuletzt wissen sie selber nicht genau, was sie vorhaben."[47] (Lernet-Holenia, 1954: 57)

Resulta evidente que la situación y los comentarios que sobre ella intercambian los personajes aluden directamente a la problemática de Gibraltar, candente en esta época concreta, y que llevaría al gobierno español –años más tarde, a principios de los años 60– a exponer la situación gibraltareña ante el comité de descolonización de las Naciones Unidas.

Una vez que la pareja de prometidos emprende su viaje en tren de Cádiz a Madrid, para visitar al supuesto padre del protagonista, aparece de nuevo otro tópico hispano: el de la lentitud de sus trenes. Tópico que ha dejado su impronta en el habla popular, y que se justifica, por causas técnicas, en el propio discurso novelesco:

> Gespräche von Fenster zu Fenster zu führen fiel ihnen umso leichter, als der Zug mit all jener Langsamkeit fuhr, die für die spanischen Bahnen charakteristisch ist und über die sich auch schon der alte Moncada in seinem Brief an den Grafen Cortez beklagt hatte. Ja selbst in der Sprache des Volkes hat diese Saumseligkeit der Züge ihren Ausdruck gefunden, so etwa in der Redewendung: bevor dies oder jenes einträte, käme eher noch ein Zug von Alcalá zum Henares, – wobei anzumerken ist, daß Alcalá am Henares liegt.

---

[47] «Uno de los buques acorazados pasó cerca. Su cubierta estaba vacía, su puente, como el de un carguero fluvial, estaba construido sobre la popa. Tenía tres torretas giratorias de tres cañones cada una, cuya agrupación –así, al menos, lo habrían podido afirmar los clérigos– correspondía a los tres órdenes de ángeles y el número, a los nueve cielos móviles de la doctrina cristiana. Era el "Nelson". Cualquiera de sus proyectiles habría sido capaz de destruir toda Numancia, y la fuerza de su maquinaria era mayor que la presión del viento del ciclón que se había soportado.

"Parece", dijo Juan, mirando los barcos, "que están tramando algo".

"A menudo lo parece", dijo Beatriz. "Pero creo que al final ellos mismos no saben exactamente lo que se traen entre manos"».

Die Ursache dieser Eigenheit der Verkehrsverhältnisse ist vor allem in dem Umstande zu suchen, daß die spanischen Bahnen, wenngleich breitspuriger als die mitteleuropäischen, französischen oder gar englischen, durchwegs eingleisig sind, sodaß die Züge nur allzu oft in völlig belanglosen Stationen gute halbe und oft genug auch ganze Stunden lang auf die Gegenzüge zu warten haben; und um diese Wartezeiten abzukürzen, beziehungsweise um Brennmaterial zu sparen, fahren die Züge weit langsamer, als sie eigentlich könnten, da es ihnen ja, andernfalls, von gar keinem Nutzen wäre, die nächste Station rascher zu erreichen, – vermöchten sie sie doch nicht eher zu verlassen, als bis der Gegenzug eingetroffen wäre.[48] (Lernet-Holenia, 1954: 58)

A continuación, se describe la impresión que causa en los personajes alguno de los paisajes que se contemplan desde el tren:

Sinnend und traurig blickte er auf die andalusische Landschaft, von der man keinesfalls behaupten konnte, dass sie an den Fenstern des Zuges vorbeiflöge; und mit melancholischem Ausdruck ließ er seine Augen auf den zahlreichen Herden kleiner, schwarzer und schwarzborstiger Schweine ruhen, welche den heroischen Felsengegenden eine Art von Lebendigkeit verliehen.[49] (Lernet-Holenia, 1954: 59-60)

Tras alguna alusión significativa (como la que dice «Dennoch aber küßte er ihre Hand, die er noch immer in der seinen hielt, mit so schwermütigem Ausdruck, als ob er soeben einen neuen Karlistenaufstand angezettelt hätte»[50] [Lernet-Holenia, 1954: 61]), se introduce un relato intercalado, con la insólita justificación de la lentitud del tren –solo comprensible por el tono jocoso e irónico de la narración–. En efecto, el movimiento abundante de personas al lado del tren hace que Juan pregunte, desde la

---

[48] «Tanto más fácil les resultó hablar de ventanilla a ventanilla cuanto que el tren viajaba con esa lentitud que caracteriza a los ferrocarriles españoles y que ya había lamentado el viejo Moncada en su carta al conde Cortés. Incluso en el lenguaje popular esta lentitud de los trenes ha encontrado su expresión, por ejemplo, en el dicho: antes de que pase esto o aquello, llegaría un tren de Alcalá al Henares, teniendo en cuenta que Alcalá está situada a orillas del Henares.

La causa de esta peculiaridad de las condiciones de tráfico hay que buscarla, sobre todo, en la circunstancia de que los ferrocarriles españoles, aunque de mayor ancho que los centroeuropeos, los franceses o incluso los ingleses, son de vía única en toda su extensión, por lo que los trenes tienen que esperar con demasiada frecuencia en estaciones completamente irrelevantes durante buenas medias horas y, a menudo, durante horas enteras a los trenes de contravía; y para acortar estos tiempos de espera, o más bien para ahorrar combustible, los trenes viajan mucho más despacio de lo que realmente podrían, ya que de otra manera no les serviría de nada llegar más rápido a la siguiente estación, porque no podrían salir de ella antes de que llegara el tren contrario».

[49] «Contemplaba triste y pensativo el paisaje andaluz, del que no podía decirse que pasara volando ante las ventanillas del tren; y con expresión melancólica, dejaba que sus ojos se posaran en las numerosas piaras de cerdos pequeños, negros y de cerdas negras, que daban una especie de vivacidad a las heroicas zonas rocosas».

[50] «No obstante, le besó la mano, que aún sostenía en la suya, con una expresión tan melancólica como si acabara de instigar una nueva insurrección carlista».

ventanilla, qué es lo que pasa, y un joven le responde que van al entierro de un tal Esteban, del que se cuenta su historia, una vez que el tren acaba por pararse por completo: se trata de un guardagujas de la estación, enamorado de Marcela, la hija del jefe de dicha estación –conocida por su extraordinaria belleza y con muchos pretendientes a su mano–, que parece perder la razón y la vida a causa de su amor no correspondido; todos se vuelven contra la cruel Marcela, que, en el momento en que se va a cerrar el ataúd de su enamorado, sale corriendo, arrepentida y deseosa de ver por última vez a su víctima y caer de rodillas ante él; es en ese momento cuando Esteban se incorpora, puesto que había fingido su muerte para ablandar el corazón de Marcela, y surge el final feliz de la historia, al tiempo que el tren reanuda su marcha.

Este relato intercalado de los amores entre Esteban y Marcela es, en realidad, una adaptación de aquel otro que ocupaba los capítulos XII a XIV de la primera parte del *Quijote* (*De lo que contó un cabrero a los que estaban con don Quijote*; *Donde se da fin al cuento de la pastora Marcela, con otros sucesos*; y *Donde se ponen los versos desesperados del difunto pastor, con otros no esperados sucesos*), que recoge los amores entre el pastor estudiante Grisóstomo y Marcela, «aquella que se anda en hábito de pastora por esos andurriales» [Cervantes, 2004: 103]). El marco donde se inserta esta historia es similar al de la novela de Lernet-Holenia: los personajes (Quijote y Sancho / Juan Moncada y Beatriz Pereira) escuchan una historia ajena a la del relato marco del que son protagonistas (de boca de unos cabreros y de los habitantes de un pequeño pueblo, respectivamente), produciéndose así un cambio de instancia narrativa o desembrague interno[51]; en dicha historia, el personaje masculino (Grisóstomo / Esteban) muere (en *El Quijote*) o finge su muerte (en *El joven Moncada*) por culpa del rechazo de su amada (Marcela, en ambos casos); el resultado varía, sin embargo, en cada una de las novelas, puesto que la muerte es real en la de Cervantes, y la causante de ella se justifica diciendo que nunca le dio esperanzas al finado («no me llame cruel ni homicida aquel a quien yo no prometo, engaño, llamo ni admito» [Cervantes, 2004: 127]), mientras que, como ya se ha dicho, es fingida en la novela de Lernet-Holenia y el arrepentimiento de la heroína lleva al final feliz.

Siguiendo el orden de la aventura, nos encontramos, a comienzos del capítulo V, con la figura de don Guillermo de Moncada, de quien el narrador nos transmite su completa titulación aristocrática:

> Don Guillermo de Moncada. 18. Graf von Osona, marques de Fuentes de Valdepero, Vizconde de Miranda y de Luna, zweimal Grande von Spanien und als solcher mit dem Titel Excellenz, auf den er jedoch verzichtete, weil er fand, daß er ihn

---

[51] Entendemos por tal, con Darío Villanueva, «el que posibilita el tránsito de la función narrativa del narrador principal a un paranarrador» (2006: 181).

zu alt mache, – der alte Moncada mit einem Worte war im Begriff, sich zum Frühstück zu begeben.[52] (Lernet-Holenia, 1954: 72)

Más adelante, ya en casa del viejo Moncada, el protagonista, Juan, contempla los retratos de los antepasados de la familia del viejo, algunos de los cuales ostentan distinciones de abolengo hispano:

Einzelne der Herren trugen Orden, und wenngleich der junge Mann nicht wusste, was für Orden es seien, nahm er mit Befriedigung das rote Lilienkreuz von Calatrava und das Malteserkreuz wahr, ja einer der Portraitierten trug sogar das Vließ; und hoffnungsvoll buchte Juan die Bemühungen eines ganzen Jahrtausends für sich selber.[53] (Lernet-Holenia, 1954: 80)

Ilustración 5. Cruz de Calatrava

En efecto, la Orden de Calatrava, a cuya Cruz se alude, fue fundada en el Reino de Castilla, en el año 1158, para defender la villa homónima de los posibles ataques musulmanes. Igualmente, el Vellocino de Oro (en alemán, *Goldenes Vlies*) fue elegido, en el siglo XV, como símbolo de la Orden del Toisón de Oro, con dos ramificaciones que la ostentan como Gran Maestre: el Rey de España y el jefe de la

---

[52] «Don Guillermo de Moncada. 18º Conde de Osona, Marqués de Fuentes de Valdepero, Vizconde de Miranda y de Luna, dos veces Grande de España y, como tal, con el título de Excelencia, al que, sin embargo, renunció por considerar que lo hacía demasiado viejo –el viejo Moncada, en una palabra, se disponía a tomar el desayuno».

[53] «Algunos de los señores llevaban medallas, y aunque el joven no sabía cuáles eran, percibió con satisfacción la Cruz de Lis roja de Calatrava y la Cruz de Malta, y uno de los retratados llevaba incluso el Toisón; y, esperanzado, Juan apuntaba en su propia cuenta los esfuerzos de todo un milenio».

Casa de Habsburgo. Parece evidente que, aunque A. Lernet-Holenia fuese austríaco, la alusión que vemos en la novela remite a la rama hispana de la orden[54].

En este mismo capítulo –y después de toda la ostentación de títulos y linajes, que acabamos de ver–, el joven Moncada recurre a la falsa modestia para ocultar su condición plebeya, introduciendo su interlocutor una clara alusión al mito hispano de Don Juan:

> „Sie werden sich doch nicht", sagte Moncada empört, „für einen Grafen Moncada ausgegeben haben!"
> 
> „Nein, ich habe mich vorläufig mit dem Titel Don Juan begnügt."
> 
> „Der denn auch vortrefflich zu Ihnen paßt!" schrie Moncada.[55] (Lernet-Holenia, 1954: 92)

La síntesis de la situación del viejo Moncada (la venta de su nobleza a causa de su penuria económica) aparece perfectamente ilustrada en el siguiente pasaje de la novela, donde se introducen dos figuras tópicas del rancio abolengo español:

> Es war ergreifend zu sehen, wie Moncada mit sich selber rang. Auf der einen Seite drohte ihm der Verkauf seiner Landgüter, des Stadthauses und ein höchst kümmerliches Leben mit all seinen Kläglichkeiten, auf der andern stellte sich ihm eine Verschacherung der Noblezza vor Augen, wie sie seit den Tagen des Cid Campeador, ja des Infanten Pelayo Fruela, mit dem alle vornehmen Spanier verwandt sein wollen, nicht mehr vorgekommen war.[56] (Lernet-Holenia, 1954: 95)

Aunque hay en la historia de la España medieval un Pelayo Froilaz, o Fruela (*ca.* 990 - *ca.* 1050), alférez real del rey Alfonso V de León desde 1016 a 1019, por el sentido de la cita de Lernet-Holenia, parece que, en realidad, la figura a la que se alude es al rey Don Pelayo († 737), noble visigodo, hijo del duque Favila, también llamado Fáfila (Fruela I de Asturias sería descendiente de este Pelayo), que frenó la expansión musulmana hacia el Norte y se reconoce popularmente como el más antiguo de los reyes hispanos. De ahí, el sentido de la cita novelesca.

---

[54] Sobre la Cruz de Calatrava, véase el ensayo del propio Lernet-Holenia, *Das Calatrava-Kreuz* (1952b: 277-285).

[55] «"¡Espero que no os hayáis hecho pasar", dijo Moncada indignado, "por un conde Moncada!"

"No, por el momento me he contentado con el título de Don Juan".

"¡Que, dicho sea de paso, le viene a usted de maravilla!", gritó Moncada».

[56] «Fue conmovedor ver cómo Moncada luchaba consigo mismo. De un lado, se veía amenazado por la venta de sus fincas, la casa de la ciudad y una vida de lo más miserable con todas sus penurias; de otro, se enfrentaba a un trueque de la nobleza, como no había ocurrido desde los días del Cid Campeador, incluso del infante Pelayo Fruela, con el que todos los españoles ilustres quieren estar emparentados».

Al final de este capítulo, se introducen dos nuevas referencias nobiliarias claramente reconocibles en la heráldica hispana y puestas en boca del protagonista de la novela:

> „Lassen Sie sich überrumpeln, rate ich Ihnen, denn wenn Sie sich nicht überrumpeln lassen, so könnte es sein, dass wir zum Marques von Santa Cruz oder zum Herzog von Feria weiterfahren, und da auch diese Häuser nicht mehr sehr liquid sind, zweifle ich nicht, dass einer der beiden Genannten uns ans Herz drücken wird."[57] (Lernet-Holenia, 1954: 96)

Como se sabe, el Marquesado de Santa Cruz le fue concedido por el rey Felipe II, en 1569, a don Álvaro de Bazán, almirante de la armada española en la Batalla de Lepanto; e, igualmente, el Ducado de Feria fue creado con anterioridad por el mismo rey, en 1567, a favor de Gómez Suárez de Figueroa, muy unido a Felipe II y que llegó a ser gobernador de Milán entre 1554 y 1555.

El sexto y penúltimo capítulo de la novela resulta muy significativo, porque de nuevo se introduce un relato intercalado, a modo de *flash-back*, puesto en boca del viejo Moncada y, por tanto, haciéndose cargo de la narración una instancia distinta del narrador principal, esto es, un paranarrador. En su justificación ante los padres de Beatriz Pereira, la prometida del joven Moncada, que pasa por ser su hijo, sobre la paternidad de este, el viejo personaje cuenta una historia que, *grosso modo*, es la siguiente: habiendo viajado a Andalucía, con el fin de comprar mulas para sus propiedades, conoció a una joven que pastoreaba un pequeño rebaño de ovejas, y que resultó ser Estrella, la hija de un noble llamado Palacios, a la que este pretendía encerrar en un convento para así dejar toda su herencia a su hijo; Moncada pide su mano, pero le es denegada, por lo que rapta a la joven, se casa con ella y ambos huyen a Sevilla, pero Palacios los descubre y logra anular la boda y llevarse a su hija, a la que Moncada no vuelve a ver; un hijo nace de la breve unión de Moncada y Estrella, Juan, que es abandonado por su abuelo; la madre muere, Moncada tarda en conocer la existencia de su hijo y, una vez conocida, da órdenes de que sea educado en secreto, en Sevilla, puesto que Moncada tiene una nueva esposa que no conoce los hechos, hasta que, fallecida esta, puede recuperar a Juan (cf. Lernet-Holenia, 1954: 103-106). Lo significativo de esta historia, como decíamos, es que el padre de Beatriz Pereira, la prometida del joven Moncada, se da cuenta de que lo que ha hecho el viejo en su relato es reproducir el argumento de una pieza teatral para él bien conocida. He aquí sus palabras, inmersas en un diálogo con su esposa, con las que remata el capítulo:

---

[57] «"Déjese llevar por la sorpresa, le aconsejo, pues si no se deja llevar por la sorpresa, puede ser que pasemos al marqués de Santa Cruz o al duque de Feria, y como incluso estas casas ya no tienen mucha liquidez, no dudo que uno de los dos nombrados nos abrazará contra su corazón"».

„Die Geschichte, die der gute Moncada zum besten gegeben hat, war sehr schön, nur glaube ich ihm kein Wort davon."

„Und warum nicht?" fragte Frau Pereira, die immer noch unter dem Eindruck dieser Geschichte stand.

„Weil sie wortwörtlich einem Schauspiel von Tirso de Molina nacherzählt ist, nur daß sie dort gut ausgeht. Es ist ein reichlich langweiliges Schauspiel mit dem Titel ‚Die bezauberte Schäferin', ich habe es aber, trotz seiner Langweiligkeit, mehrmals besucht, weil — es spielt dies in der Zeit, bevor ich dich kennen und lieben gelernt hatte – weil, sage ich, die Rolle der Estrella von einer Schauspielerin dargestellt wurde, die sehr hübsch war und für die ich mich ein wenig interessiert habe. Auch Moncada scheint sich für sie interessiert zu haben, und möglicherweise war er glücklicher als ich... Wer weiß also, wessen Sohn Juan in Wirklichkeit ist! Doch kann es uns füglich gleichgültig sein, wenn er Beatriz nur glücklich macht, – so glücklich, wie du mich gemacht hast, meine Liebe..."

Und er küßte seiner Frau die Hand.[58] (Lernet-Holenia, 1954: 108)

Varias cosas llaman la atención de esta cita: en primer lugar, que no hay ninguna obra dramática de Tirso de Molina que tenga por título *La pastora encantada* o algo semejante; y, segunda –y ante la posibilidad de que el título alemán fuese modificado con respecto al original–, que no existe tampoco ninguna obra dramática de Tirso que tenga entre sus personajes a una joven pastora llamada Estrella, hija de un tal Palacios. Sí aparece el nombre de Estela (nunca Estrella) en *Quien habló, pagó* (cf. Molina, 1969: 1457-1512), de fecha desconocida, y en el Cigarral Tercero (cf. Molina, 1996: 275-428) de *Los Cigarrales de Toledo* (1624); igualmente, encontramos un personaje de nombre Moncada (en realidad, Don Luis de Moncada) en *Privar contra su gusto* (cf. Molina, 1973); y, lo que es más llamativo, ambos nombres (Estela y Moncada) aparecen juntos entre los personajes de otra comedia de Tirso, *El amor y la amistad*[59], a la que tampoco se le puede poner fecha de escritura, como ocurre con muchas otras

---

[58] «"La historia que contó el bueno de Moncada fue muy bonita, pero no me creo ni una palabra".

"¿Y por qué no?", preguntó la señora Pereira, que seguía con la impresión de esta historia.

"Porque se cuenta palabra por palabra una obra de Tirso de Molina, solo que ahí termina bien. Es una obra bastante aburrida que se llama 'La pastora encantada', pero la he visto varias veces, a pesar de su aburrimiento, porque está ambientada en la época anterior a que te conociera y me enamorara de ti; porque, ya digo, el papel de Estrella lo interpretaba una actriz que era muy hermosa y por la que me interesaba un poco. Parece que Moncada también se interesó por ella, y posiblemente fue más feliz que yo.... Así que quién sabe de quién es realmente el hijo de Juan. Pero podemos ser indiferentes si sólo hace feliz a Beatriz, tan feliz como tú me has hecho a mí, querida ...."».

Y besó la mano de su esposa».

[59] Fue publicada en la *Parte tercera de las comedias de... Tirso de Molina. Recogidas por Don Francisco Lvcas de Auila*, Tortosa, en la imprenta de Francisco Martorell, a costa de Pedro Escuer, 1634. Puede verse la edición en línea de la Biblioteca Virtual Miguel de Cervantes: http://www.cervantesvirtual.com/obra/el-amor-y-el-amistad--0/.

de las piezas tirsistas[60]. Una posibilidad aclaratoria sobre la misteriosa obra atribuida a Tirso es la de que esta fuese fruto de una reelaboración de elementos que sí pudieron haber formado parte de las obras del escritor mercedario. Algo parecido sucedió con la pieza teatral de Luis de Eguílaz (1830-1874), *Una aventura de Tirso* (1855), donde se utilizan datos biográficos erróneos del autor aurisecular, junto con referencias a obras de este, como *El castigo del peneque* (1614) o *La villana de Vallecas* (1620)[61]. En cualquier caso, es lo cierto que la obra tirsiana a la que se alude en la novela de Lernet-Holenia no existe, y, a partir de este hecho incuestionable, todo lo demás serán especulaciones.

Algunos otros datos interesantes se deslizan también a lo largo de este penúltimo capítulo. Así, aparecen tópicos sobre la supuesta hidalguía de los españoles («In Spanien ist jeder zehnte Mann ein Edelmann, ja es gibt Provinzen, in denen sogar jeder dritte Mann ein Edelmann ist»[62] [Lernet-Holenia, 1954: 98]); sobre la consideración en que se tienen algunas regiones de España («Denn als Andalusier bezeichnet man in Spanien einen Galgenstrick»[63] [Lernet-Holenia, 1954: 99]); se deslizan alusiones al mundo del toro («„Banderilleros!" riefen sie. „Espadas! Al toro"»[64] [*ibidem*]); o, en fin, sobre algunos otros títulos nobiliarios que el viejo Moncada estaría dispuesto a ceder a su heredero:

„[...] Denn ich könnte Juan ja einen meiner eignen Titel überlassen, zum Beispiel den eines Vizegrafen von Luna..."

[...]

„Ich könnte mich freilich auch etwa des Marquisats von Fuentes begeben, aber daran ist einer meiner Grandentitel geknüpft, und ich wäre dann nicht mehr zweimal Grande von Spanien, sondern nur noch einmal. [...]".[65] (Lernet-Holenia, 1954: 107)

---

[60] Agradecemos los datos sobre las comedias de Tirso de Molina a Germán Vega García-Luengos y, a través de él, a Blanca Oteiza y Francisco Florit.

[61] Véase, al respecto, el artículo de Luis Vázquez (2008: 151-164), «Tirso, objeto de una comedia quimérica de Eguílaz (1855)».

[62] «"En España, uno de cada diez hombres es hidalgo, e incluso hay provincias donde uno de cada tres hombres es hidalgo"».

[63] «Porque un andaluz es lo que llaman en España un rufián».

[64] «"¡Banderilleros!", gritaban. "¡Espadas! ¡Al toro"».

[65] «"[...] Porque podría ceder a Juan alguno de mis títulos, por ejemplo el de Vizconde de Luna...
[...]
"También podría desprenderme quizá del Marquesado de Fuentes, pero uno de mis propios títulos de grandeza va ligado a él, y en tal caso no sería dos veces Grande de España, sino solo una"».

Finalmente, en el último capítulo de la novela, se nos da cuenta del propósito de dar un paseo por un bien conocido paraje de Madrid («Ich habe meinen Eltern gesagt, ich wolle noch ein wenig auf der Puerta del Sol spazieren fahren»[66] [Lernet-Holenia, 1954: 123]); y se introduce un último tópico, el del temperamento celoso y posesivo de los españoles y, en general, de los hombres del sur:

> In diesen Phantasien, die für sein Temperament, und für das eines Südländers überhaupt, charakteristisch waren, in dieser vorweggenommen Eifersucht auf eine Person, von der er noch nicht einmal den Namen wusste, ward er durch Antonio unterbrochen, der mit einer Dame die Treppe heraufkam.[67] (Lernet-Holenia, 1954: 130)

### 5. 9. *El Conde Luna*

También el título de la novela *El Conde Luna*, publicada en 1955, en Viena y Hamburgo, por la editora de Paul Zsolnay, la más habitual divulgadora de la narrativa de Lernet-Holenia, resulta significativo por lo que se refiere al objeto del presente estudio. Y su contenido, como en el caso de la novela anterior, también lo es, en esta ocasión, por la gran cantidad de alusiones y referencias hispanas que contiene[68]. Veamos una síntesis argumental.

El martes 6 de mayo de 1953 llegó a Roma un tal Alexander Jessiersky, de nacionalidad austríaca. Al día siguiente visita diversos lugares de la ciudad, entra en la iglesia de San Urbano y pretende visitar las catacumbas. Pregunta al guardián si es cierto que, poco tiempo antes, dos sacerdotes franceses se habían adentrado en ellas y no habían regresado. Tras la confirmación de la noticia, él mismo se interna en las catacumbas, pese a las advertencias del guardián. Visto que, al cabo de un tiempo prudencial, tampoco regresa, se avisa a la policía. Un empleado del Ministerio de Relaciones Exteriores se encarga de elaborar un informe, en el que se basa el relato que sigue.

Los antecesores de Alexander eran originarios de la Pequeña Rusia, que se trasladaron a la Galitzia oriental. Fruto de matrimonios ventajosos, obtuvieron una posición social destacada. El padre del protagonista, Adam Jessiersky se lleva mal con su hijo (el odio es mutuo) y se ocupa personalmente de la educación de este. Cuando fallece, el hijo se siente liberado, pero, al mismo tiempo, abandonado.

---

[66] «He dicho a mis padres que quería pasear un poco por la Puerta del Sol».

[67] «En estas fantasías, propias de su temperamento y del de un sureño en general, en estos celos anticipados de una persona de la que ni siquiera conocía el nombre, fue interrumpido por Antonio, que subía la escalera con una dama».

[68] Algunas de ellas han sido analizadas ya, de modo más sucinto en Mariño (2016).

Contrae matrimonio –lo mismo que había hecho su padre– por intereses económicos y tiene muchos hijos.

En el año 1940, Jessiersky tiene un conflicto comercial con un tal conde Luna: los administradores de sus empresas quieren comprarle unos terrenos, pero Luna se niega a venderlos, de modo que lo acusan de pertenencia a círculos monárquicos y lo llevan preso, acabando en Mauthausen. Cuando Jessiersky se entera, tiene mala conciencia, intenta liberar a Luna infructuosamente, y visita a sus parientes, los Millemoth, donde indaga sobre Luna y ve su retrato, revelándoles que pretende ayudarle. Cada vez más interesado –hasta la obsesión– por la figura del damnificado, investiga en tratados de genealogía y de heráldica sobre la familia del conde Luna y sus antepasados. Recibe la noticia de su muerte, pero no acaba de creérsela, sobre todo cuando una de sus hijas pequeñas cae enferma después de que un desconocido le hubiese dado una golosina: ahora tiene la certeza de que es el propio Luna quien atenta contra su familia, sospecha que se ve acrecentada cuando, por las noches, oye ruidos en su casa.

En una ocasión, oye pasos, se levanta de la cama y sigue a una persona que acaba de salir de su propia casa a la calle, la persigue y le clava unas tijeras en la nuca, pensando que es Luna, pero resulta ser un primo lejano de su mujer. Jessiersky imagina que su mujer le era infiel con su primo, y da por buena su muerte.

Tras el episodio, decide marcharse de Viena a una finca en el campo, donde cree más fácil controlar la presencia de Luna. Marcha con su familia, a pesar de la oposición de su mujer, pero allí esta fallece y pierde al niño que esperaba como resultado de una hemorragia, todo lo cual lo achaca Jessiersky indirectamente a Luna, y piensa también que el niño fallecido debía de ser hijo del amante de su mujer.

Tras el funeral, es informado por su guardabosques de que hay cazadores furtivos en su propiedad, y, entre ellos, destaca uno que no es otro que el conde Luna. Ante esa información, Jessiersky decide vigilar personalmente el bosque para encontrarse con Luna. En el bosque cree reconocerlo, a pesar de que no lo había visto nunca en persona, y le dispara, pero el tiro no le da a él, sino a uno de los guardabosques que lo acompañaban; después de intercambiar disparos, ve cómo el supuesto Luna y otro de los guardabosques logran huir. Las sospechas sobre la muerte del presunto guardabosques de Luna no recaen en su verdadero autor, sino en el propio guardabosques de este, que pasa un tiempo en la cárcel, hasta que finalmente, queda el crimen sin resolver.

Jessiersky se da cuenta, poco tiempo después, de que el profesor particular de sus hijos es, en realidad, un policía que lo investiga por las muertes cometidas. Jessiersky lo despide y regresa de inmediato a Viena. Pasado un tiempo, viaja a Múnich, de allí a Milán y luego a Roma. Tras una minuciosa digresión del narrador hablando de las catacumbas romanas, vuelve el relato al comienzo, no sin antes explicar el motivo de la incursión del héroe en las catacumbas de San Urbano: valiéndose de mapas, pretendía pasar por desaparecido dentro de ellas, pero en realidad su idea era alcanzar la superficie por otro punto y luego huir en barco de Génova a Nueva York. Parece que no habría encontrado esa otra salida y habría fallecido bajo tierra; allí se le habrían aparecido los sacerdotes franceses, también fallecidos en la catacumba, y tras un diálogo con ellos, obtendría la certeza de que en realidad los tres estarían ya muertos.

El propio título de la novela nos lleva inequívocamente al ámbito cultural hispano, al Condado de Luna, ya mencionado en la novela anterior entre los títulos aristocráticos de Don Guillermo de Moncada; sin embargo, conviene tener en cuenta que existen dos títulos nobiliarios con esa denominación: el creado por el rey Enrique IV, en 1462, a favor de Diego Fernández de Quiñones, y que hace referencia a la comarca de Luna (León); y el creado por Felipe II, en 1598, a favor de Francisco de Aragón y Guerra Borja, cuya referencia sería la localidad de Luna en Zaragoza[69]. A lo largo de la novela, veremos a cuál de ellos pertenece el título de la narración, pero sigamos el orden de aparición de las referencias al mundo hispano en la obra.

En la primera página de la novela se nos habla de que el protagonista reservó «eine Überfahrt auf der, Aosta", die am 9. abends von Neapel nach Buenos Aires in See gehen sollte»[70] (Lernet-Holenia, 1981: 7), información que se vuelve a repetir más adelante, al final de este primer capítulo (cf. Lernet-Holenia, 1981: 14); pero es en el capítulo tercero donde empiezan a verse las conexiones más nítidas con la cultura española, en primer lugar, en la presentación del antagonista, por el que pregunta el héroe de la novela, Alexander Jessiersky, a unos parientes al contemplar un retrato de aquel:

„Ist dieser Name – Luna – eigentlich italienisch?" fragte er.

„Nein, spanisch", ward ihm erwidert.

„So sieht er auch aus", sagte Jessiersky und deutete auf das Bild. „Und ein Chevalier de la Lune ist er also gleichfalls gewesen?"

Die Millemoths verstanden diese Anspielung nicht.

„Ich meine, er war – oder ich wollte vielmehr sagen: er ist Malteser?"

„Ja."[71] (Lernet-Holenia, 1981: 44)

---

[69]Sobre cada uno de los condados, véase, respectivamente, http://es.wikipedia.org/wiki/Condado_ de_Luna_(1462) y http://es.wikipedia.org/wiki/Condado_de_Luna_(1598) (4-3-2015).

[70] «Un pasaje en la nave "Aosta", que el día 9 por la tarde debía zarpar de Nápoles hacia Buenos Aires».

[71] «"–Este nombre –Luna– ¿es de origen italiano?", preguntó.

"No, español", le contestaron.

"Ese es el aspecto que tiene", dijo Jessiersky, señalando la fotografía. "¿Y también fue Chevalier de la Lune?"

Los Millemoth no comprendieron esta alusión.

"Quiero decir que era –o más bien debería decir: ¿es de la orden de Malta?"

Fundada, como se sabe, tras la conquista de Jerusalén, en 1099, y potenciada por Godofredo de Bouillon, la Orden de Malta tuvo tempranas conexiones con España, cuyos orígenes se especifican en la propia página web de dicha orden:

> Sorprende, por tanto, su rápida implantación en España, pues sabemos que, ya en 1115, la Reina Doña Urraca le otorga la aldea de Paradinas, entre Salamanca y Arévalo, llamándola *la Santa Casa del Hospital de San Juan Bautista que está construida en la Santa Ciudad de Jerusalén para la obra de los pobres.* Este establecimiento en la Península se produce años antes que el de otras órdenes militares, como Calatrava (1164) y Santiago (1175), siendo conocida desde muy temprano como Orden del Hospital. En los años siguientes la vamos a ver instalada en Navarra (1120), Portugal (1122) y Aragón (1125).[72]

Repárese en que la presencia de la orden en Aragón data ya del siglo XII, y de que esta región hispana es el solar del Condado de Luna creado en 1598 a favor de Francisco de Aragón y Guerra Borja, cuyo apellido resulta significativo a este respecto.

En su deseo de conocer los orígenes del conde de Luna, su antagonista, Jessiersky, lleva a cabo una minuciosa investigación, que nos es transmitida así por el narrador:

> Alexander Jessiersky griff nach den Gräflichen Taschenbüchern, fand die Lunas aber weder in den geraden noch in den ungeraden Jahrgängen. Schon stieg die Vermutung in ihm auf, sie seien eigentlich gar keine wirklichen Grafen, sondern bloß Conti, und er war bereits im Begriff, die Bibliothek wieder zu verlassen, als er sicherheitshalber doch noch nach einem Hofkalender griff und im Register nachsah; und da stand in der Tat: „ ... Löwenstein-Wertheim-Rochefort oder Rosenberg, Lübeck, Lubomirski-Przeworsk, Lubomirski-Rzezow, Luchesi-Palli siehe Campofranco, Lucedio, Lucinde, Luna siehe Villahermosa."
>
> Bei den Villahermosas aber stand: „Aus dem Hause Azlor de Aragon. – Katholisch. – Spanischer Uradel, der schon 1136 erscheint und dessen Stammreihe auf Blasco Perez de Azlor 1271, gestorben 1286, zurückgeht. – Edelleute (Ricoshombres) des alten Königreichs Aragon; Baron de Panzano 1293, Conde de Guara 1678"... also doch bloß Condes, dachte Alexander Jessiersky; aber es sollte anders kommen... „Ererbung des Herzogtums Villahermosa (Alfonso, ein natürlicher Sohn Juans des Zweiten, Königs von Aragon, Navarra und Sizilien, war durch seinen Vater 1476 zum Duque de Villahermosa ernannt worden) und der Grafschaft und des Herzogtums Luna (Juan de Aragon war durch seinen Oheim Ferdinand den Katholischen 1512 zum Duque de Luna

---

"Sí"».

En francés, la expresión "Chevalier de la Lune" significa "vagabundo", "persona sin domicilio".

[72] http://www.ordendemalta.es/story.php?id=224 (4-3-2015).

ernannt worden; Francesco de Guerra de Aragon, Conde de Luna, durch Philipp den Dritten, 1604) infolge der Heirat, 1701, des Juan-Artal de Azlor, 2. Conde de Guara, mit Josefa de Gurrea de Aragon, Condesa de Luna..."[73] (Lernet-Holenia, 1981: 51-52)

Sin embargo, en su deseo –cada vez más obsesivo– de seguir investigando el origen de los Luna, busca otras fuentes:

Im Abschnitt über die Villahermosas stand, weiter hinab, zu lesen, man solle, zum Vergleich, bei Béthencourt, Historia genealogica y heraldica de la Monarquia espanola, nachsehen. Ohne sich also in das noch weiter unten stehende Titelgestrüpp der noch lebenden Villahermosas, Duques de Granada de Ega, Condes de Guara, Vizcondes de Murzabal de Andion y de Zolina usw. usw. zu verlieren, machte sich Alexander Jessiersky auf die Suche nach dem Béthencourt. Aber er fand ihn nicht. Gott mochte wissen, wo er sein konnte.[74] (*Ibidem*)

El libro que Jessiersky no pudo encontrar es una obra real. Pertenece, en efecto, a Francisco Fernández de Béthencourt (1851-1916) y tiene por título completo el de *Historia genealógica y heráldica de la monarquía española: casa real y grandes de España* (Madrid, Establecimiento tipográfico de Jaime Ratés, 1912). Lernet-Holenia, por tanto, no solo recurre a personajes reales de la historia de España –jugando con la posible identificación genealógica del antagonista–, sino que maneja, para sus fuentes, una bibliografía también real, de la que da cuenta al lector, lo cual, siendo

---

[73] «Alexander Jessiersky cogió los nobiliarios de las casas condales, pero no encontró los Luna ni en los años pares ni en los impares. La sospecha de que no eran realmente condes, sino simplemente *conti*, ya estaba a punto de salir de nuevo de la biblioteca, cuando, para estar seguro, cogió un calendario de la corte y miró en el registro; y allí estaba, efectivamente: "...Löwenstein-Wertheim-Rochefort o Rosenberg, Lübeck, Lubomirski-Przeworsk, Lubomirski-Rzezow, Luchesi-Palli ver Campofranco, Lucedio, Lucinde, Luna véase Villahermosa".

Pero en la entrada de los Villahermosa rezaba: "De la casa de Azlor de Aragón. –católicos–. Familia de la antigua nobleza española, que aparece ya en 1136 y cuyo linaje se remonta a Blasco Pérez de Azlor, 1271, fallecido en 1286. - Nobles (ricoshombres) del antiguo reino de Aragón; barón de Panzano 1293, conde de Guara 1678"... así que simples condes después de todo, pensó Alexander Jessiersky; pero iba a resultar diferente.... "Herencia del Ducado de Villahermosa (Alfonso, hijo natural de Juan II, rey de Aragón, Navarra y Sicilia, había sido nombrado Duque de Villahermosa por su padre en 1476) y del Condado y Ducado de Luna (Juan de Aragón había sido nombrado duque de Luna por su tío Fernando el Católico en 1512; Francesco de Guerra de Aragón, conde de Luna, por Felipe III, 1604) como resultado del matrimonio, en 1701, de Juan-Artal de Azlor, segundo conde de Guara, con Josefa de Gurrea de Aragón, condesa de Luna..."».

[74] «En el apartado sobre los Villahermosa, más abajo, decía que se consultara, para contrastar, Béthencourt, *Historia genealógica y heráldica de la Monarquía española*. Así que, sin perderse en el enredo de títulos de los Villahermosa, duques de Granada de Ega, condes de Guara, vizcondes de Murzábal de Andión y de Zolina, etc., etc., que aún vivían, Alexander Jessiersky se puso a buscar el Béthencourt. Pero no lo encontró. Dios sabría dónde podría estar».

dicho lector, en principio, de lengua alemana, supone un hecho muy significativo por lo que se refiere a la presencia de la cultura hispana en la novela.

Siguiendo con sus pesquisas, y consultando otros libros que no se indican, llega Jessiersky al personaje de Álvaro de Luna[75], «dessen Herkunft zwar nicht ohneweiters zu ermitteln war, der aber von größter Vornehmheit gewesen zu sein schien»[76] (Lernet-Holenia, 1981: 53). Pero, independientemente de sus oscuros orígenes, sí averigua Jessiersky algunos datos de su descendencia:

> Sein natürlicher Sohn Alvaro nämlich, später zum Grafen Gormas erhoben, war Konnetabel von Kastilien gewesen und 1453 zu Valladolid hingerichtet worden, weil er sich's hatte einfallen lassen, durch eine Ehe, die er mit der Infantin Maria von Portugal schloß, Schwager des Königs zu werden. Es schien schon wahrscheinlicher, dass der unglückliche Luna etwa von diesem Bastard stammte; und später hatten überhaupt weder die Villahermosas noch die Lunas selbst, sondern es hatte eine ganz andre Familie, die Moncadas, Luna besessen.[77] (*Ibidem*)

Más adelante sabemos de las fuentes del investigador, que nos transmite de la siguiente manera:

> [...] was er schließlich, durch Einblicke in die „Cronica de Alvaro de Luna", in Caribays „Compendio historial de las ordenes militares", in die „Annales" des Zurita und ähnliche Werke, sowie in die Arbeiten inländischer Geschichtsschreiber und in eine beträchtliche Menge kaiserlicher Edikte und Spezialverfügungen, an den Tag brachte [...].[78] (Lernet-Holenia, 1981: 86-87)

También aquí se habla de fuentes reales, y, entre ellas, las propiamente hispanas son, en primer lugar, la *Crónica de don Álvaro de Luna*, de autor anónimo e impresa originariamente en Milán, en 1546, por «un bisnieto del Condestable, de su mismo nombre y apellido», que «dispuso imprimir allí la historia de su glorioso antecesor, que se había conservado inédita» (Mata Carriazo, 1940: XIII-XIV), y, en segundo

---

[75] Sobre su figura histórica, véase Calderón Ortega (1998), Béatrice Pérez (2009), y, ya en un plano meramente divulgativo, Serrano Belinchón (2000).

[76] «Cuyo origen no se pudo determinar fácilmente, aunque parecía ser de la más alta nobleza».

[77] «Su hijo natural Álvaro, posteriormente elevado al rango de conde Gormaz, había sido Condestable de Castilla y ejecutado en Valladolid en 1453, porque se le había metido en la cabeza convertirse en cuñado del rey por un matrimonio contraído con la infanta María de Portugal. Ya parecía más probable que el desafortunado Luna descendiera de este bastardo; y más tarde ni los Villahermosa ni los propios Luna, sino una familia muy distinta, los Moncada, habían sido los propietarios de Luna».

[78] «[...] lo que finalmente sacó a la luz a través de las consultas de la *Crónica de Álvaro de Luna*, el *Compendio histórico de las órdenes militares* de Caribay, los *Anales* de Zurita y otras obras similares, así como las obras de historiadores nacionales y un número considerable de edictos imperiales y decretos especiales [...]».

término, los *Anales de la corona de Aragón*, de Jerónimo Zurita (1512-1580), quien fuera secretario del Santo Oficio de la Inquisición e, igualmente, del Consejo y Cámara de Felipe I.

En la primera fuente, «el cronista sólo conoce o estima y escribe con detención los últimos tiempos de la vida del Condestable» (Mata Carriazo, 1940: XII), aunque el primer capítulo se remonte a sus antecedentes y trate «De las diversidades de los linajes, e de la casa e linaje de don Álvaro de Luna, maestre de Santiago e condestable de Castilla» (*Crónica de don Álvaro de Luna*, 1940: 7), y el último, «De la muerte del mejor caballero que en todas las Españas ovo en su tiempo, e mayor señor sin corona, el buen Maestre de Santiago» (*Crónica de don Álvaro de Luna*, 1940: 428); abarcando, por tanto, la *Crónica*, toda la vida del Condestable. Por cierto, si, con anterioridad, el protagonista de la novela revelaba que en sus pesquisas sobre los Luna no podía ir muy atrás en la búsqueda de sus ascendientes («dessen Herkunft zwar nicht ohneweiters zu ermitteln war»[79] [Lernet-Holenia, 1981: 53]), estos aparecen claramente expuestos en la *Crónica*:

> Ca de aquesta casa fué el papa Benedito, de gloriosa memoria, el qual fué hermano de don Juan Martínez de Luna, señor de aquesta casa, e aqueste fué abuelo del nuestro Maestre e Condestable don Áluaro de Luna. E salió de aquesta casa de Luna el noble e virtuoso don Pedro de Luna, arçobispo de Toledo, primado de las Españas, el qual fue tío, hermano de su padre, del nuestro Maestre e Condestable. E aun fué de aquesta casa don Pedro de Luna, arçobispo de Zaragoza, primo hermano del Maestre. [...].

> E de los que siguieron el estado de la Caballería salieron desta casa nobles e virtuosos hombres, de los quales fué don Juan Martínez de Luna, abuelo del nuestro Maestre e Condestable [...]. Fué de aquesta casa don Álvaro de Luna, padre del nuestro Maestre e Condestable, el qual fué copero mayor del rey don Enrique el III [...]. E fué de aquesta casa don Juan Martínez de Luna, tío del nuestro Maestre e Condestable, hermano de su padre, e don Rodrigo de Luna, prior de la Orden de Sant Juan, tío assimesmo del nuestro Maestre don Álvaro de Luna, hermano de su padre. (*Crónica de don Álvaro de Luna*, 1940: 9)

En cuanto a la segunda de las fuentes, los *Anales de la corona de Aragón*, nos habla de diversos acontecimientos relacionados con la familia Luna, de los que nos dan cuenta suficiente los simples títulos de los capítulos correspondientes. Así, puede leerse en el libro XI:

> Que el papa Benedicto vino a Zaragoza para tratar de poner algún asiento en la guerra que se hacían don Antonio de Luna y don Pedro Ximénez de Urrea, y por medio

---

[79] «Cuyo origen no se pudo determinar fácilmente».

de los embajadores del principado de Cataluña se asentó tregua entre ellos. (Zurita, 1974: tomo 5, cap. XV, p. 50) [80]

De la convocación que se hizo por el gobernador y justicia de Aragón del parlamento general para la ciudad de Calatayud, y de la guerra que se movió entre don Fernán López de Luna y Juan Fernández de Heredia. (XXIII, 74)

De la entrada del gobernador y justicia de Aragón en Calatayud para presidir en el parlamento general, y que no dieron lugar que el castellán de Amposta y don Antonio de Luna entrasen en aquella ciudad hasta que hubiesen llegado el arzobispo y síndicos de Zaragoza. (XXIV, 76)

De las vistas que tuvieron el arzobispo de Zaragoza y don Antonio de Luna a las puertas de La Almunia, y que fue en ellas muerto el arzobispo. (XXXII, 95)

Que por parte de don Antonio de Luna se tuvo recurso al parlamento de Cataluña creyendo ser favorecido contra sus enemigos. (XXXIV, 104)

De la sentencia que se dio por el juez eclesiástico contra don Antonio de Luna y contra los que se hallaron con él en la muerte del arzobispo de Zaragoza. (XLVII, 148)

De la congregación que el castellán de Amposta y don Antonio de Luna y los ricos hombres y caballeros de su opinión juntaron en Mequinenza; y de lo que por su parte se requirió a los del parlamento de Tortosa. (XLIX, 153)

Que la gente que se envió en socorro de la villa de Ejea fue desbaratada por don Antonio de Luna y fue preso su capitán don Pero López de Gurrea. Y de la respuesta que se dio por la congregación de Tortosa al requerimiento que hicieron los ricos hombres y caballeros del reino de Aragón que se juntaron en Mequinenza. (LXV, 193)

En el libro XII:

De la confederación que asentó don Álvaro de Luna entre el conde de Urgel y Orthomás duque de Clarencia hijo del rey de Inglaterra, para que el conde fuese socorrido en la empresa de proseguir su justicia por las armas. (XI, 317)

Que la gente de don Antonio de Luna se apoderó del castillo de Montaragón y el duque de Clarencia desistió de dar favor a la empresa de conde de Urgel. (XIII, 323)

De la entrada de don Antonio de Luna en Aragón y de los otros capitanes con las compañías de gascones e ingleses. (XV, 328)

Que el rey hizo notificar a don Pedro de Luna la elección del papa Martín. (LXVII, 501)

De la legacía de Alamán Pisano cardenal de San Eusebio, que vino a estos reinos; y de lo que se ofreció por el rey a don Pedro de Luna por reducirle a la unión de la iglesia. (LXIX, 509)

De la sentencia que se dio contra don Antonio de Luna. (LXXI, 514)

---

[80] En adelante, mencionamos sólo los números de capítulo y página correspondientes en cada una de las citas.

En el libro XIII:

De la muerte de don Pedro de Luna, que en su obediencia se llamó Benedicto XIII; y que dos cardenales cismáticos perseverando en su error procedieron a la elección del que llamaron Clemente VIII. (XXIII, 600)

De la ida del infante don Enrique con los grandes de su opinión a Valladolid; y de la orden que se tuvo para que el condestable don Álvaro de Luna saliese de la corte del rey de Castilla. (XLIV, 672)

Que don Fadrique de Aragón conde de Luna trató de dar favor a la pretensión del rey de Castilla; y de la prisión y muerte de don Alonso de Argüello arzobispo de Zaragoza. (XLVIII, 689)

De la salida de don Fadrique conde de Luna de la corte del rey; y del principio de su rebelión. (LVII, 716)

Que el rey de Castilla procedió contra el rey de Navarra y contra el infante don Enrique a privación de los estados que tenían en aquel reino; y de las condiciones que el conde de Luna pidió al rey para reducirse a su obediencia. (LVIII, 723)

De la rebelión de don Fadrique de Aragón conde de Luna, y de su ida al reino de Castilla. (LX, 729)

De la vana y desatinada recuesta que don Fadrique de Aragón, que fue conde de Luna, hizo al rey. (LXVIII, 758)

Que don Fadrique de Aragón, que fue conde de Luna, con pública ceremonia se hizo vasallo del rey de Castilla, declarando el fin que le movió para su rebelión. (LXXI, 772)

En el libro XIV:

Del requerimiento que se hizo al rey de Navarra para que los infantes don Enrique y don Pedro saliesen destos reinos; y de la prisión de don Fadrique conde de Luna. (Zurita, 1974: tomo 6, cap. XVII, p. 60) [81]

De la entrada que hicieron en Castilla el rey de Navarra y el infante don Enrique a favor del rey de Castilla; y de la concordia de Castro Nuño por la cual se ordenó que el condestable don Álvaro de Luna saliese de la corte y se restituyesen los estados al rey de Navarra y al infante su hermano. (LVIII, 204)

---

[81] En adelante, mencionamos sólo los números de capítulo y página correspondientes en cada una de las citas.

En el libro XV:

De la inteligencia que el rey de Navarra tuvo con los alcaldes y regidores de la ciudad de Murcia para defender aquella ciudad de la opresión del condestable don Álvaro de Luna y del adelantado Pedro Fajardo. (LIV, 404)

En el libro XVI:

De la concordia que se procuró por el príncipe de Castilla con el rey de Aragón para tomar el regimiento de la persona del rey su padre y de sus reinos; y de la prisión y muerte del condestable don Álvaro de Luna. (Zurita, 1974: tomo 7, cap. IX, p. 43) [82]

De la orden que se dio por el rey con esperanza de asentar las cosas de Castilla por la nueva que tuvo de la prisión del condestable don Álvaro de Luna. (XVII, 76)

En el libro XVIII:

De la guerra y bando que había en el reino entre los Lunas y Urreas. (XLV, 687)

De todo este corpus documental, que maneja el protagonista de la novela, extrae Alexander Jessiersky el siguiente resumen:

Alvaro de Luna, Graf von Gormas, Konnetabel von Kastilien und Großmeister des Ordens von Santiago, Günstling und Minister Johannes des Zweiten, hatte sich, nachdem er die Ehe zwischen seinem Herrn und Isabella von Portugal in die Wege geleitet, auch seinerseits mit den Königen der Lusitanier zu verbinden gewußt, und zwar durch eine – zunächst noch geheimgehaltene – Ehe mit Isabells Schwester, der Infantin Maria. Als er aber auch öffentlich als Schwager des Herrschers hervortreten wollte, nahm man den Anlaß wahr, um den fast schon allmächtig gewordenen Favoriten zu stürzen. Das Haus Trastamara, dem er durch dreißig Jahre mit so viel persönlichem Vorteile gedient hatte, dass seine Güter größer geworden waren als die des ganzen übrigen kastilischen Adels zusammengenommen, zog die Hand von ihm ab, und auf dem Blutgerüste von Valladolid fand er sein Ende. Längst schon aber hatte ihm, nach dem grausamen Gebrauche der Zeit, der Henker das Messer in den Hals gestoßen und danach, fast gemächlich, das Haupt vom Rumpfe geschnitten, als Maria von Portugal erst die Frucht ihrer Verbindung mit dem Abenteurer zur Welt brachte: einen Knaben, gleichfalls Alvaro geheißen, welchem von den Reichtümern seines Vaters nicht eine Rute Landes blieb, dafür aber ein später berühmt gewordenes, vom Marques de Santillana verfasstes moralisches Gedicht auf das Leben und den Tod des Unglücklichen, sowie der vernichtende Haß des königlichen Hauses. Auf

---

[82] En adelante, mencionamos sólo los números de capítulo y página correspondientes en cada una de las citas.

Jahrhunderte versank dieser Zweig der Lunas fast ins Nichts, in eine Existenz der Bettelei an den Höfen der Großen, ja der blanken Armut überhaupt, die sie mit der unglaublichen Zahl von einer Million kleiner und kleinster Adeliger inmitten von sieben Millionen noch ärmerer Bauern und Tagwerker teilten, und erst um das Jahr 1700 stieg ein gewisser Inigo de Luna, bei dem freilich nicht mehr mit Gewissheit nachzuweisen, sondern nur noch zu vermuten war, dass er von dem Konnetabel stammte, aus diesem Elend wieder hervor.[83]
(Lernet-Holenia, 1981: 87-88)

Del grado de conocimiento de la cultura española que atesora Lernet-Holenia, da idea la mención, en esta cita, de un poema del Marqués de Santillana, don Íñigo López de Mendoza (1398-1458), sobre la figura del Condestable de Castilla[84], contra quien combatió en las luchas de poder que este llevó a cabo frente a Enrique de Aragón. Sin duda, el poema al que Lernet-Holenia se refiere en su novela es el famoso *Doctrinal de privados*, que Manuel Durán (1980: 14) describe así:

---

[83] «Álvaro de Luna, Conde de Gormaz, Condestable de Castilla y Gran Maestre de la Orden de Santiago, favorito y ministro de Juan II, después de haber concertado el matrimonio entre su señor e Isabel de Portugal, había sabido también unirse a los reyes de los lusitanos mediante un matrimonio –al principio, mantenido en secreto– con la hermana de Isabel, la infanta María. Pero cuando también quiso aparecer públicamente como cuñado del soberano, se aprovechó la ocasión para derrocar al favorito que se había vuelto casi omnipotente. La casa de Trastámara, a la que había servido a lo largo de treinta años con tanto provecho personal que sus propiedades habían llegado a ser mayores que las de todo el resto de la nobleza castellana junta, le quitó la protección, y en el cadalso de Valladolid encontró su final. Hacía tiempo que, según la cruel costumbre de la época, el verdugo le había clavado el cuchillo en el cuello para luego, casi pausadamente, separarle la cabeza del tronco, cuando María de Portugal diera a luz el fruto de su unión con el aventurero: un niño, igualmente llamado Álvaro, al que de las riquezas de su padre no le quedó ni una vara de tierra, aunque sí un poema moral, después hecho famoso, compuesto por el Marqués de Santillana, sobre la vida y muerte del desdichado, y el odio fulminante de la casa real. Durante siglos esta rama de los Luna se hundió casi en la nada, en una existencia de mendicidad en las cortes de los grandes, incluso, de pura pobreza sin más, que compartían con el increíble número de un millón de pequeños y minúsculos nobles en medio de siete millones de campesinos y jornaleros aún más pobres, y solo hacia el año 1700 un tal Íñigo de Luna, sobre el que, de hecho, ya no se podía probar con certeza, sino solo suponer, que procedía del Condestable, salió de nuevo de esta miseria».

[84] El propio Álvaro de Luna fue un escritor reconocido: dieciséis poemas suyos se hallan en el *Cancionero de Baena* (*ca.* 1445), de cuyo colector, Juan Alfonso de Baena, era amigo personal; compuso además el *Libro de las claras e virtuosas mugeres* (1446) como reacción en contra de la obra de Boccaccio llamada *Corbaccio* (1361-1362), donde se atacaba a las mujeres de modo despiadado (la literatura misógina fue una tradición literaria presente en toda la Edad Media, y en España proveniente en gran parte de las traducciones de obras árabes como el *Sendebar*). Como tema literario, muchos fueron los autores que trataron la figura de don Álvaro de Luna. Sirvan de ejemplo el mismo Jorge Manrique (*ca.* 1440-1479), que lo menciona en sus famosas *Coplas*; Antonio Mira de Amescua (1577-1644), con su dilogía *Próspera Fortuna de don Álvaro de Luna* (también llamada *Comedia famosa de Ruy López de Ávalos*) y *Adversa Fortuna de don Álvaro de Luna* (o *La segunda de don Álvaro*), atribuidas en su momento a Tirso de Molina; o el propio Cervantes, que lo menciona de manera irónica en el poema *Urganda la Desconocida*, que prologa el *Quijote*.

Más interesante que los otros poemas políticos (*Favor de Hércules contra Fortuna*) o religiosos (*Goços de Nuestra Señora, Coplas...*, o *Canoniçación...*) es este poema, inspirado por la caída de Luna. En cierto modo es el reverso del *Bias*[85]. La Fortuna ha triunfado aquí, y con justicia. Luna, tras un patético *mea culpa*, exhorta a sus lectores a no seguir su ejemplo. La confesión de Luna nos recuerda a San Agustín. Pero Luna, lo mismo que Bias, no es simplemente un personaje histórico: todos llevamos dentro, en potencia, un filósofo estoico como Bias –parece decirnos Santillana– y también un político corrompido y corruptor como Luna. El *Doctrinal* es un poema extraño y poderosamente irónico: el privado –hombre que en vida fue sumamente orgulloso y arrogante– aparece aquí contrito, angustiado, abyecto. Poder de la pluma: a través de su poema Santillana "corrige la historia", crea un personaje nuevo, borra, en cierto modo, la realidad, para rehacerla a su gusto.

El poema en cuestión, «fecho á la muerte del Maestre de Sanctiago, Don Álvaro de Luna: donde se introduçe el autor, fablando en nombre del Maestre» (Marqués de Santillana, 1980: 157), consta de cuarenta y nueve estrofas, de las que reproducimos a continuación las tres primeras, que nos dan cumplida cuenta del contenido del texto:

|                                          I | II                                        |
| ---------------------------------------- | ----------------------------------------- |
| Vi tesoros ayuntados                     | Abrit, abrit vuestros ojos:               |
| por grand daño de su dueño:              | gentios, mirat á mí:                      |
| Asy como sombra ó sueño                  | quanto vistes, quanto ví                  |
| son nuestros días contados.              | fantasmas fueron é antojos.               |
| É si fueron prorrogados                  | Con trabajos, con enojos                  |
| por sus lágrimas á algunos,              | usurpé tal señoría:                       |
| destos non vemos ningunos,               | que si fue, non era mía,                  |
| por nuestros negros peccados.            | mas endevidos despojos.                   |

III
Casa á casa ¡guay de mí!...
é campo á campo allegué:
cosa agena non dexé:
tanto quise, quanto ví.
Agora, pues, vet aquí
quánto valen mis riquezas,
tierras, villas, fortalezas,
tras quien mi tiempo perdí!
(Marqués de Santillana, 1980: 157-158)

---

[85] Se refiere al largo poema (180 estrofas) en forma de debate, «escrito para consolar a su primo, el conde de Alba, encarcelado por Luna en 1448» (Durán, 1980: 13).

En realidad, el Marqués de Santillana escribió también *Otras coplas del dicho señor Marqués sobre el mesmo casso*, cuyo comienzo reproducimos igualmente:

> De tu resplandor ¡o Luna!
> te ha privado la fortuna.
>   O luna mas luminossa
> que la lus meridiana
> clareçiente rradiossa
> prepotente ssoberana
> tu claror universal
> por el mundo era sonado
> vn ser atan prosperado
> no vio onbre terrenal!
>   O luna quen toda España
> los tus rrayos traçendian
> de tu mirable ffasaña
> ynfinitos departian
> tu prolongado durar
> non se falla por estoria
> nin por antigua memoria
> se podria memorar.
>
> (Marqués de Santillana, 1980: 177)

Otras plasmaciones literarias hay también en la literatura española sobre la historia del Condestable de Castilla, como ya se ha indicado, aunque no las mencione Lernet-Holenia. Cabría destacar, entre ellas, los cuatro romances del Duque de Rivas, incluidos en sus *Romances históricos*, que, bajo el título general de "Don Álvaro de Luna", están compuestos por "I. La venta", "II. El camino", "III. Las calles. La capilla. El palacio" y "IV. La plaza", y que narran el proceso que lleva al ajusticiamiento público del conde en la Plaza Mayor de Valladolid (cf. Duque de Rivas, 1956: 545-553).

En su afán de ubicar el solar de los Luna, Jessiersky consulta otro libro real:

> In der Nacht, in der er seine Studien über diesen seltsamen und traurigen Gegenstand beendet hatte, warf Jessiersky die Werke, Briefe und Photokopien, die auf dem Tische seiner Bibliothek gehäuft lagen, gedankenvoll durcheinander, holte dann von einem der Regale Coellos „Atlas de Espana", mit Karten im Maßstabe von Eins zu Zweihunderttausend, herab und schlug die Gegend der Pyrenäen auf, um die Stadt Luna

zu suchen; und nach einigen Augenblicken fand er denn auch den kleinen, anscheinend ganz bedeutungslos gewordenen Ort [...].[86] (Lernet-Holenia, 1981: 90)

Se trata del *Atlas de España y sus posesiones de ultramar*, de Francisco Coello de Portugal y Quesada (1822-1898), publicado en Madrid en el año 1856.

En un pasaje de la novela, en el que Jessiersky cree oír pasos y su obsesión le lleva a pensar que se trata de Luna vistiendo una armadura, el narrador, por medio del estilo indirecto libre, que permite que nos acerquemos a los pensamientos íntimos del protagonista, nos dice:

> Er jedoch, Luna, war zwar verwandt mit den feigen Millemoths, aber er wagte sich dennoch hierher in die Gefahr, er war eben auch ein Enkel jenes Grafen von Gormas und der portugiesischen Infantin, er war Malteser, und weil es zum Kampfe kommen konnte, wenn er hier ging, trug er den vollen Harnisch, wie ihn die Malteser getragen hatten [...].[87] (Lernet-Holenia, 1981: 118)

Ya hemos comentado con anterioridad las conexiones de la Orden de Malta con España, como también del Toisón de Oro, que se menciona más adelante, a propósito de la contemplación de un escudo del emperador Maximiliano («Umschlungen aber war das Kreuz samt den Schilden von einer Kette, an der das Vlies hing»[88] [Lernet-Holenia, 1981: 137]). El emperador de México, por cierto, es mencionado de nuevo algunas páginas más adelante, mientras Jessiersky especula sobre la antigüedad de algunos árboles:

> Es gab ihrer anderswo zweifellos weit älter als diese, die Eichen in Deutschland zum Beispiel, wovon einige vielleicht noch aus den Tagen des Heidentums stammten, die Araukarien in Mexiko auf jenem „Heuschreckenhügel", wo die Sommerresidenz des unglücklichen Montezuma und des nicht minder unglücklichen Maximilian gewesen war, oder gar die ungeheuerlichen Sequoias in Kalifornien.[89] (Lernet-Holenia, 1981: 157)

---

[86] «Aquella noche, una vez terminados sus estudios sobre este extraño y triste tema, Jessiersky esparció pensativamente las obras, cartas y fotocopias que yacían amontonadas sobre la mesa de su biblioteca, luego bajó de uno de los estantes el *Atlas de España* de Coello, con mapas en la escala de uno a doscientos mil, y abrió la región de los Pirineos para buscar la ciudad de Luna; y al cabo de unos instantes encontró la pequeña ciudad, que parecía haberse vuelto bastante insignificante [...]».

[87] «Sin embargo, Luna, aunque emparentado con los cobardes Millemoth, se atrevió a exponerse aquí al peligro, por ser también nieto de aquel Conde de Gormaz y de la infanta portuguesa, era Caballero de Malta, y, como había riesgo de batalla si andaba por aquí, llevaba puesta la armadura completa, como la habían llevado los Caballeros de Malta [...]».

[88] «Pero la cruz y los escudos estaban envueltos en una cadena de la que colgaba el Toisón».

[89] «Sin duda, había otros mucho más antiguos que éstos en otros lugares, los robles en Alemania, por ejemplo, algunos de los cuales quizás se remontaban a los días del paganismo, las araucarias en México

Ilustración 6. Portada del Atlas de España de Francisco Coello

De este modo, se introduce también en la novela la cultura hispana de la América latina.

Y, ya para terminar, en los episodios de caza que aparecen en los capítulos finales de la novela, se mencionan «die Capra Pyrenaica in den Pyrenäen und die Capra Hispanica in der Sierra Nevada»[90] (Lernet-Holenia, 1981: 170); e, igualmente, sabemos la identidad del cazador:

---

en aquellas "Colinas de la Langosta", donde había estado la residencia de verano del desafortunado Moctezuma y el no menos desafortunado Maximiliano, o incluso las monstruosas sequoias en California».

[90] «la *Capra Pyrenaica* en los Pirineos y la *Capra Hispanica* en Sierra Nevada».

Es konnte sich aber nur um einen sicheren Ferdinand Grafen-Herzog von Luna gehandelt haben, geboren am 2. März 1910 zu San Sebastian, den ältesten Sohn eines José Antonio, 17. Herzogs von Villahermosa, 6. Herzogs von Granada de Ega usw., Großmarschalls von Navarra – woher auch, dachte Jessiersky, die Neigung des Sohns gekommen sein mochte, Kriegsmärsche nach Zinkeneck zu unternehmen –, zweimaligen Granden von Spanien 1. Klasse, ehemaligen Großkammerherrn des Prinzen und der Prinzessin von Asturien, Ehrenritters des souveränen Malteser Ritterordens, und seiner Gemahlin Isabel de Guillamas Caro Pineyro y Szechenyi, 11. Markgräfin von San Felices, 8. Gräfin von Mollinas, zweimaliger Granden von Spanien.[91] (Lernet-Holenia, 1981: 171-172)

Toda esta presencia hispana en la novela, basculando alrededor de la controvertida figura histórica de don Álvaro de Luna, tiene –más allá de cualquier otra interpretación– una justificación genérica, en el marco de la novela gótica o *Schauerroman*, con la que, sin duda, *Der Graf Luna* está conectada. Recordemos algunas características del género:

Dende un punto de vista compositivo, este tipo de novelas xoga coa tensión narrativa e coa chamada *técnica detectivesca e de suspense* para así intrigar ó lector, ó tempo de o desestabilizar mediante a mestura dos planos da realidade cos da irrealidade, dos sucesos posibles cos imposibles, é dicir, a introducción do paranormal nun mundo verosímil. A harmonía e o equilibrio orixinal da vida humana, tanto na súa dimensión individual coma social, vense así ameazadas. (Equipo Glifo, 1998: t. 2, p. 509)

Además de la técnica detectivesca –evidente en la novela–, de la mezcla de planos de la realidad y de la irrealidad (lo obsesivo imaginado se sobrepone a la realidad, en la figura del protagonista de la novela), la figura de don Álvaro de Luna, sobre quien bascula la intriga, proporciona algunas otras características relevantes de la novela gótica: el mundo medieval, que sirve de marco a muchas de ellas, ya desde los orígenes del género (*The Castle of Otranto*, de Horace Walpole, aparecida en 1765, es, como se sabe, el paradigma), así como los linajes siempre presentes; las intrigas que rodearon al personaje real de Luna, y que proporcionan un elemento subsidiario del género, cual es la llamada "novela de ligas secretas" (*Geheimbundroman*), cuya base real es «das Wirken der geheimen Bünde der

---

[91] «Sólo podía tratarse de un documentado Fernando Conde-Duque de Luna, nacido el 2 de marzo de 1910 en San Sebastián, hijo mayor de un tal José Antonio, decimoséptimo duque de Villahermosa, sexto duque de Granada de Ega, etc., Gran Mariscal de Navarra –de donde, pensó Jessiersky, le podría haber venido quizá la inclinación del hijo de emprender marchas de guerra a Zinkeneck–, dos veces Grande de España de primera clase, antiguo Gran Chambelán del Príncipe y de la Princesa de Asturias, Caballero de Honor de la Soberana Orden de Malta, y de su esposa Isabel de Guillamas Caro Piñeyro y Szchenyi, undécima Margravina de San Felices, octava Condesa de Mollinas, dos veces Grandes de España».

Jesuiten, der Freimaurer, der Illuminaten und der Rosencreutzer»[92] (Safranski, 2013: 55-56), y cuyo esquema estereotipado parte de un personaje, en principio, inofensivo «gerät in geheimnisvolle Verstrickungen; er wird verfolgt; Menschen kreuzen seinen Weg, die alles über ihn zu wissen scheinen; allmählich bemerkt er, dass er sich in den Netz einer unsichtbaren Organisation verfangen hat»[93] (Safranski, 2013: 55); los responsables de esa persecución son siempre, en la novela gótica, órdenes religiosas, o pseudoreligiosas, de fe católica, puesto que el género nace y toma carta de naturaleza en países protestantes y sus autores sitúan el centro de todo mal en sus antagonistas católicos (cf. Mariño, 2015: 115), de modo que el Conde Luna, en nuestra novela, juega también ese papel. Una última característica que pone en conexión la obra con la novela gótica, a través de la cultura hispana, es el propio apellido del personaje antagonista, del Conde Luna. Recordemos, en primer lugar, este pasaje delirante, en el que Jessiersky especula sobre la conexión del apellido Luna y la luna real:

> Wenigstens aber behauptete Jessiersky nicht, oder noch nicht, dass Luna der Mond an sich sei. Er meinte offenbar bloß, jener habe viel vom Wesen des Mondes mitbekommen, er sei etwa ein Verwandter des Mondes, ein kleiner Mond sozusagen, denn wenn es Söhne der Sonne wie die Pharaonen und die Inkas gegeben hatte, warum sollte es nicht auch einen Enkel des Mondes geben wie diesen Luna! Zwar stimmten seine Perioden mit denen des wirklichen Mondes nicht mehr überein, doch waren's Perioden von gleicher oder fast gleicher Dauer wie jene, seine Eigenschaften waren durchaus Mond-Eigenschaften, und wenn der wirkliche Mond, indem er Einfluß auf die Schiefe der Ekliptik übte, die Winter auf der ganzen nördlichen Halbkugel der Erde im Laufe von Jahrtausenden milder machte, so vermochte Luna zweifellos, wenigstens diesen einen Winter in Zinkeneck und in der nächsten Umgebung von Zinkeneck milder zu machen, ja diese auffällige Milde des Winters war geradezu der Beweis für Lunas Gegenwart...[94] (Lernet-Holenia, 1981: 181-182)

---

[92] «Las actividades de las ligas secretas de los jesuitas, de los masones, de los illuminati y de los rosacruces».

[93] «Se mete en enredos misteriosos; le persiguen; se cruzan en su camino personas que parecen saberlo todo sobre él; poco a poco se da cuenta de que se ha atrapado en la red de una organización invisible».

[94] «Pero al menos Jessiersky no afirmó, o no lo hizo todavía, que Luna fuera la luna en sí misma. Por lo visto, solo quería decir que tenía mucho de la esencia de la luna, que era, quizá, un pariente de la luna, una pequeña luna, por así decirlo, porque si hubo hijos del sol como los faraones y los incas, ¡por qué no iba a haber también un nieto de la luna como este Luna! Es cierto que sus períodos ya no coincidían con los de la luna real, pero eran períodos de igual o casi igual duración que aquellos; sus propiedades eran a todas luces lunares, y si la luna real, al ejercer una influencia sobre la oblicuidad de la eclíptica, en el transcurso de los milenios, había suavizado los inviernos en todo el hemisferio norte de la Tierra, no cabe duda de que Luna consiguió suavizar este particular invierno, en Zinkeneck y en los alrededores de Zinkeneck, lo que es más, la llamativa suavidad del invierno era poco más que la prueba de la presencia de Luna...».

A este respecto, conviene recordar aquí el significado que la luna desempeña en la novela gótica, en palabras de uno de sus mayores expertos, Devendra Varma

> The moon is intended to awaken a nocturnal atmosphere fraught with mystery and tinged with fantasy, fear, and sadness. It lends an indistinct and weird shape to each feature. As Eino Railo observes, in *The Haunted Castle* (1927), the moon "is a theatrical searchlight cast from the wings at suitable moments to reveal to the terror-stricken audience visions and scenes of fear"[95]. (Varma, 1966: 59)

La elección, por tanto, de la figura de don Álvaro de Luna, como trasfondo antagónico del héroe, en la novela de Lernet-Holenia, tiene, además de la simple referencia cultural hispana, una trascendencia genérica en la estructura compositiva de la novela gótica, a la que *El Conde Luna* no es ajena.

---

[95] «La luna pretende despertar una atmósfera nocturna cargada de misterio y teñida de fantasía, miedo y tristeza. Da una forma indistinta y extraña a cada rasgo. Como observa Eino Railo, en *The Haunted Castle* (1927), la luna "es un reflector teatral que se lanza desde las alas en los momentos adecuados para revelar al público aterrorizado visiones y escenas de miedo"».

## 6. Los relatos breves

Unos sesenta y cinco relatos constituyen el corpus cuentístico de Lernet-Holenia[1], dato este que no nos atrevemos a corroborar, porque es discutible que algunos de ellos lo sean en realidad o se trate de novelas breves. Es el caso, por ejemplo, de *Jo y el señor a caballo*, la primera de las novelas estudiadas en el capítulo anterior, que figura como novela (*Roman*) en la propia página web del autor, aunque la veamos también en el apartado de narraciones (*Erzählungen*[2]), junto con otros relatos breves, en la misma página antedicha.

Dada la falta de popularidad que tiene la literatura del autor austríaco en la actualidad, muchos de esos relatos son difíciles de encontrar: están, gran parte de ellos, descatalogados[3] y es preciso acudir a librerías de viejo para encontrar antologías que, a veces, repiten los contenidos[4]. Con todos esos inconvenientes, ofrecemos a continuación una muestra de la presencia del mundo hispano en la cuentística del autor; en ocasiones –como en el caso de algunas de las novelas–, de manera anecdótica; otras, adquiriendo mayor protagonismo.

---

[1] Ese es el número, al menos, que se recoge en la página web dedicada al autor y ya antes citada: http://www.lernet-holenia.com/de/romane.html (3-5-2022).

[2] El concepto de *Erzählung* es polémico, pues no existe una definición universalmente admitida. Para aclararlo, más allá de su extensión relativamente breve, se ha recurrido a la ausencia de acontecimientos dramáticos, a la representación de lo cotidiano en lugar de lo extraordinario o a la inclusión de reflexiones filosóficas en el hilo narrativo (vid. Burdof / Fasbender / Moenninghoff, 2007: 208-209).

[3] No existe, en la actualidad, en los distintos catálogos editoriales una antología de relatos de Lernet-Holenia; el único texto de este tipo que sí puede encontrarse, de manera independiente, es *Der Baron Bagge*, publicado por Inseln, en 2001. Hay también una traducción relativamente reciente al español, de Alberto Luis Bixio: *El barón Bagge* (Madrid: Siruela, 1990, reeditada en 2006).

[4] Es el caso de *Die neue Atlantis*, Berlin, S. Fischer, 1935; *Spangenberg*, Wien, Bellaria Verlag, 1946; *Der siebenundzwanzigste November*, Wien, Amandus Edition, 1946; *Seltsame Liebesgeschichten*, Wien, Bellaria Verlag, 1949; *Drei große Liebesgeschichten*, Zürich, Morgarten Verlag, 1949; *Die Wege der Welt, cit.*; *Mayerling*, Wien / Hamburg, Paul Zsolnay, 1960; *Das Bad der belgischen Küste*, Wien / Hamburg, Paul Zsolnay, 1963; *Götter und Menschen*, Wien / Hamburg, Paul Zsolnay, 1964; o *Pendelschläge*, Wien / Hamburg, Paul Zsolnay, 1972.

## 6. 1. *Maresi*

Este relato, de los más antiguos del autor, se publicó por primera vez en el año 1935, en el libro titulado *La nueva Atlántida* (*Die neue Atlantis*), aunque se reeditó en 1960, en la antología *Mayerling*. Su sinopsis argumental es como sigue.

En una de las calles de Viena, un peatón se acerca a un carro de caballos que circula en ese momento y mata a tiros a uno de ellos. Llevado ante la policía, el agresor cuenta la historia de su vida, que le ha llevado a cometer esa acción: de familia rica, crio una yegua purasangre, llamada Maresi en honor de María Teresa de Austria, las circunstancias (la guerra, la crisis posterior) lo llevaron a arruinarse y perder todo, incluso a romper el compromiso matrimonial con su prometida, cuyo padre fue comprando todas sus posesiones. Convertido prácticamente en un mendigo, reconoce a su yegua favorita, ya vieja, tirando de un carro de carga y siendo maltratada por el carretero, a quien le pide reiteradamente que no la maltrate; ante la negativa de este, acaba por darle muerte para que el animal no siga sufriendo. Cuando cuenta su historia ante el juez, habla de las distintas yeguadas y cómo los españoles llevaron los caballos a América por orden del Emperador, cuyo imperio era tan grande que el sol jamás se ponía en sus dominios. El juez queda convencido por las explicaciones del agresor y este es puesto en libertad. La reflexión del personaje lo lleva a pensar que la muerte del caballo ha sustituido a la suya propia, de manera que, indirectamente, Maresi impidió su propio suicidio. Ahora una vida nueva se vislumbra: volverá con su prometida a ocuparse de las fincas de esta, que antes fueron suyas.

Como cabe suponer, la presencia del mundo hispano en este relato es meramente circunstancial, y solo se ciñe al dato anecdótico de que los españoles hubiesen llevado los caballos a América. Veamos el pasaje, narrado en primera persona por el protagonista de los hechos:

> »[...] Aber auch von den großen Pferdeherden in Amerika erzählte ich ihr, aus denen die Indios ihre Pferde herausfingen, und dass die amerikanischen Pferde von verwilderten Pferden der Spanier abstammten, die vor langen Zeiten auf Befehl des Kaisers über das Meer gefahren wären, denn das Reich des Kaisers sei ehedem so groß gewesen, dass darin die Sonne nicht unterging.«[5] (Lernet-Holenia, 1964a: 126)

De manera bastante clara también, aunque sin nombrarlo, se desliza la figura del emperador Felipe II, a quien se le atribuye la frase aquí reproducida, de que en sus

---

[5] «[…] Pero también le hablé de las grandes manadas de caballos que había en América, de las que los indios tomaban sus caballos, y de que los caballos americanos descendían de los caballos asilvestrados de los españoles, que hacía tiempo habían cruzado el mar por orden del Emperador, pues el imperio del Emperador había sido una vez tan grande que el sol no se ponía en él».

dominios nunca se ponía el sol, dada la extensión de estos, que abarcaban de América hasta Filipinas.

### 6. 2. *Mona Lisa*

Publicado por primera vez en 1937, y posteriormente reproducido en la colección *Mayerling*, en 1960, *Mona Lisa* es un relato ubicado en la Francia de Luis XII.

Su punto de arranque es el encargo que este rey hace al señor de La Trémouille, uno de sus mariscales, de que viaje a Milán para preparar allí un ejército y acudir en ayuda del gobernador francés de Nápoles, que había sido derrotado por los españoles. Armado el ejército, llega a Florencia, donde pasa algunos días y allí uno de sus subordinados, Bougainville, visita a Leonardo da Vinci, en cuyo taller y tapado con una tela descubre el retrato de la Mona Lisa, del que queda prendado. Intenta averiguar todo sobre la mujer del cuadro y no se cree los pocos datos que le da el pintor, llegando a la conclusión de que la mujer está viva todavía y encerrada y maltratada por su marido. Aborda esta conclusión tras abrir la supuesta tumba de la mujer y hallarla vacía. Se presenta en casa del Giocondo para reclamar que la libere y es arrestado. Pero no desiste en el empeño, pues está enamorado de la dama del retrato, y, conculcando el arresto, vuelve e importunar a la familia del Giocondo, llegando a matar involuntariamente a un noble florentino, a causa de lo cual, y para evitar que los ciudadanos de Florencia se rebelen contra los franceses, Bougainville es condenado a muerte. Mientras espera que la sentencia se cumpla, es visitado en prisión por el pintor Leonardo, que le aclara que la mujer del retrato está realmente muerta, fallecida a causa de la peste y enterrada en una fosa común con otros damnificados por la epidemia. La tumba de la familia está vacía porque nunca fue enterrada en ella; se trata, en realidad, de una sola lápida en la pared de una iglesia, que su familia mandó construir para recordarla, ante la imposibilidad de enterrarla individualmente, porque a las víctimas de la peste no se lo permitía la ley. Al día siguiente de la decapitación de Bougainville, el mariscal Trémouille es derrotado y muerto por los españoles a las órdenes de Consalvo en diciembre de 1503. Leonardo siguió trabajando en el cuadro, que llevó consigo a Milán y a Francia, donde lo vendió a Francisco I. Desde entonces, en París, donde se exhibe, son muchos los que se han enamorado de él.

Como se ve claramente, este relato tiene solo un marco histórico que lo relaciona con el mundo hispano. A saber, la derrota del gobernador francés de Nápoles a manos de los españoles, que aparece ya en el primer párrafo de la narración, contextualizándola históricamente:

Louis Douze, der König von Frankreich, empfing zu Ende 1502 Herrn von La Trémouille, einen seiner Marschälle, und befahl ihm, sich sogleich nach Mailand zu verfügen, dortselbst eine Armee aufzustellen und den französischen Statthaltern in Neapel, Herrn von Aubigny und dem Herzog von Nemours, die von den Spaniern wiederholt geschlagen worden waren, zu Hilfe zu eilen.[6] (Lernet-Holenia, 1964b: 5)

Y ese contexto es la campaña del Rosellón, del año 1503, que enfrentó al ejército francés de Luis XII y al del duque de Alba –posteriormente, al del rey Fernando el Católico– por ese condado, que, en parte, pertenecía a la Corona de Aragón. Efectivamente, el ejército francés estaba al mando de Bérault Stuart d'Aubigny (*ca.* 1452-1508), de ascendencia escocesa, que participó, por tanto, en la Guerra de Nápoles (1501-1504); y, tras la figura del duque de Nemours, se halla Louis de Armagnac (1472-1503), igualmente conde de Guisa y virrey de Nápoles, que murió en la batalla de Ceriñola, enfrentándose precisamente a las tropas españolas al mando de Gonzalo Fernández de Córdoba en esa misma campaña.

Aunque, como se ha visto en la sinopsis argumental, la trama del relato va por otros derroteros, son, sin embargo, muy abundantes las interrupciones de dicha trama para introducir datos relativos a este marco histórico, que acabamos de mencionar. Sirva de ejemplo esta alusión final, una vez resuelto el conflicto, a la derrota del Mariscal Trémouille:

Am nächsten Tag rückte der Marschall aus Florenz ab und zog nach Neapel; die schnellfliegende Siegesgöttin aber mied ihn, und er ward, im Dezember 1503, von den Spaniern unter Consalvo vernichtend geschlagen.[7] (Lernet-Holenia, 1964b: 38)

Sin embargo, Louis de La Trémouille (1460-1525) no fue muerto por los españoles, sino a causa de unas fiebres, probablemente de la malaria, cuando había sido enviado por el Rey en ayuda de las tropas francesas, derrotadas por las españolas en la batalla de Ceriñola. El responsable de estas últimas era, efectivamente, Gonzalo Fernández de Córdoba, el 'Consalvo' de la cita.

---

[6] «Luis XII, el rey de Francia, recibió a finales de 1502 al señor de La Trémouille, uno de sus mariscales, y le ordenó que se dirigiera inmediatamente a Milán, que levantara allí un ejército y que se apresurara a ayudar al Gobernador francés de Nápoles, el Señor de Aubigny y al Duque de Nemours, que habían sido derrotados repetidamente por los españoles».

[7] «Al día siguiente el Mariscal se retiró de Florencia y se dirigió a Nápoles; pero la diosa de la victoria, que vuela velozmente, lo evitó y en diciembre de 1503, fue aplastado por los españoles a las órdenes de Gonzalo».

## 6. 3. *Las tres plumas*

El relato titulado *Las tres plumas* (*Die drei Federn*) se publicó por vez primera en el año 1946, en la editorial vienesa Amandus-Edition, formando parte de una colección de ocho textos bajo el título común del último de ellos: *El veintisiete de noviembre* (*Die siebenundzwanzigste November*). Su argumento no presenta ninguna incursión directa en la cultura hispana, salvo algún pequeño dato, aparentemente anecdótico, como ahora veremos al sintetizar su trama.

La familia Arnhem, de origen holandés, se traslada a Inglaterra a mediados del siglo XIX, y, tras varias generaciones, unos de los descendientes, George Arnhem, tiene ya una posición social destacada. Junto con su hija Jane, prometida a Herbert Moncrieff, acude un día a una recepción en el palacio de Buckingham, pero, mientras aguarda en su carroza que la fila de invitados pueda acceder al palacio, se le comunica que su hija Jane tiene vetada la presentación ante la reina. Arnhem presiona a su interlocutor para que le informe de las razones de ese veto, y este le dice que el general Guiness-Carr ha informado de que ha visto a su hija en un club donde se ejerce la prostitución. Arnhem pretende deshacer lo que él cree un malentendido antes de que la fila avance y su carruaje llegue a las puertas de palacio, puesto que entonces su prohibición de entrar se haría pública, con la consiguiente deshonra de su hija y de su familia. Acude, junto con su hija, en primer lugar, a hablar con el general Guiness-Carr, quien se ratifica en su denuncia; luego, va al club donde supuestamente se ha visto a su hija, y allí, el propietario del mismo, un tal Domingo Cabrera, de origen indiano, corrobora la versión del general y añade que su hija ha estado el día anterior en compañía de Herbert Moncrieff; a continuación acuden a casa del prometido de su hija, con quien, supuestamente se ha encontrado en el prostíbulo, y que ratifica el encuentro; finalmente, van a la pensión donde ambos, su hija y su prometido, se habrían acostado la noche anterior, y allí comprueban, padre e hija, que hay otra joven Jane Arnhem, también hija suya, de un matrimonio anterior y muy parecida a la segunda Jane. Todo se aclara: la primera hija, en situación precaria habría tenido que ejercer la prostitución y el prometido de la segunda, la visitaba por las noches, creyendo que se trataba de su propia prometida. Arnhem se presenta ante el general Guiness-Carr con ambas hijas y este reconoce el equívoco. Las hijas se prometen amistad y, deshecho el entuerto, los Arnhem llegan justo a tiempo de que su carroza alcance las puertas del palacio para la recepción de la reina.

La única referencia al mundo hispano que encontramos en este relato no resulta muy positiva, puesto que es la presencia del personaje Domingo Cabrera, el propietario del club nocturno, frecuentado por mujeres de mala reputación. La breve semblanza que se hace del local y de su propietario es, desde luego, muy poco encomiable:

Domingos Nachtklub, ebenso wie übrigens auch die meisten andern Nachtklubs in London, führte seinen Namen insoferne nicht zu recht, als darin das Leben, insbesondere im Sommer, erst mit der allerdings sehr früh einsetzenden englischen Morgendämmerung begann, dafür aber auch bis spät in den Vormittag dauerte. Als die Arnhems in einer Autodroschke vorfuhren, war der Klub noch offen. Gäste, freilich, waren keine mehr da, die Lokalitäten aber wurden eben noch von einer Schar alter Hexen, wahrscheinlich den gleichen, die, zwanzig Jahre vorher, als junge Beautés, in ebensolchen Nachtklubs die Stars gewesen waren, mit Besen gefegt und in Ordnung gebracht, und zwar unter persönlicher Aufsicht des Patrons, eines gewissen Domingo Cabrera, angeblichen Südamerikaners von Geburt, eines ölhaarigen, bleichen und etwas aufgeschwemmten Individuums zwischen Vierzig und Fünfzig. In Wirklichkeit war er etwas wie ein Zigeuner oder Levantiner. Er trug ein doppelreihiges Dinnerjackett und ein zerknittertes, gelbes Seidenhemd. Dieser übernächtigte Schwarzalbe rief den Weibern, um ihre Arbeit zu beschleunigen, muntere Scherzchen zu. Denn so unfreundlich er mit den jungen Frauenzimmern seines Betriebes war, so gerne machte er Späße mit den abgetakelten Alten.[8] (Lernet-Holenia, 1946a: 138)

La descripción que se nos hace del personaje en cuestión resulta, en gran medida, tópica con respecto a la imagen convencional del sudamericano que se tiene en países no latinos, y, en algún rasgo, hasta disparatada, como acercar las características físicas de la etnia gitana al aspecto de un levantino, lo que nos llevaría a preguntarnos por los rasgos distintivos de este último tipo. Todo es negativo en esta descripción: no sólo la profesión que ejerce el personaje (regentando «einem übelberüchtigten Lokal»[9] [Lernet-Holenia, 1946a: 135]), sino su aspecto físico (individuo de pelo grasiento), como acabamos de ver. Aunque, si leemos el pasaje con detenimiento, nos daremos cuenta de que, en realidad, Domingo Cabrera es el nombre ficticio de alguien que se hace pasar por sudamericano –en este sentido, el adjetivo *angeblich* (supuesto) resulta elocuente– aprovechando el desconocimiento que de ellos se tiene en el mundo anglosajón, donde se sitúa la acción de la obra. El narrador sí se da cuenta de la suplantación étnica del personaje, cuando dice, «In

---

[8] «El club nocturno de Domingo, por cierto, al igual que la mayoría de los clubes nocturnos de Londres, no hacía justicia a su nombre en el sentido de que, sobre todo, en verano, la vida comenzaba solo con, eso sí, el tempranísimo amanecer inglés, pero duraba hasta altas horas de la mañana. Cuando los Arnhem llegaron en un taxi, el club aún estaba abierto. Sin embargo, ya no había clientes, pero el local estaba siendo barrido y puesto en orden por una banda de viejas brujas, probablemente las mismas que, veinte años antes, como jóvenes bellezas, habían sido las estrellas de tales locales nocturnos, todo ello bajo la supervisión personal del patrón, un tal Domingo Cabrera, supuestamente sudamericano de nacimiento, un individuo de pelo graso, pálido y algo hinchado, de entre cuarenta y cincuenta años. En realidad, era una especie de gitano o levantino. Llevaba una chaqueta blanca de doble botonadura y una camisa de seda amarilla arrugada. Para acelerar su trabajo, este elfo oscuro trasnochado gritaba alegres bromas a las mujeres. Porque, a pesar de lo poco amable que era con las jóvenes mozas de su establecimiento, disfrutaba haciendo bromas con las viejas gastadas».

[9] «Un local de mala reputación».

Wirklichkeit war er etwas wie ein Zigeuner oder Levantiner»[10] (Lernet-Holenia, 1946a: 138).

Lernet-Holenia, por tanto, no se aparta de su conocimiento profundo y ponderado de la realidad hispana para acercarse al tópico simplista, como pudiera parecer, aun cuando la referencia mencionada sea absolutamente anecdótica y circunstancial con respecto al marco textual que la incluye.

### 6. 4. *El unicornio*

Publicado en el año 1960, dentro de la ya citada colección *Meyerling*, apenas hay referencias en el relato *El unicornio* (*Das Einhorn*) a la cultura hispana, a excepción de una breve acotación aclaratoria, que veremos tras resumir la sinopsis argumental.

Un personaje llega a una pequeña ciudad francesa, Chinon, y se hospeda en un hotel. Allí visita los animales de un circo y el rinoceronte se escapa sembrando el pánico entre los habitantes. El protagonista logra refugiarse en una oficina de hacienda que tiene el rótulo *Perception de Lerné*. En el hotel despierta de su sueño y se da cuenta de que todo lo anterior (que incluye una reflexión sobre el animal unicornio, tan popular en la Edad Media, pero ya desaparecida de la mente popular, como Felipe el Hermoso, que había instalado a los Templarios en la Tour du Coudray) era fruto del mismo sueño, pero decide confirmar si esa oficina de hacienda existe realmente y comprueba que sí, lo que le sorprende, precisamente porque lleva su propio nombre en francés (Lerné = Lernet). Reflexiona sobre la casualidad que le ha llevado a un pueblo que tiene su propio nombre y recuerda un fragmento de la ópera de Mozart *Las Bodas de Fígaro* (*Le nozze di Figaro*, estrenada en 1786), con el que acaba el relato, fragmento que se repite incansablemente en su cerebro y que, por supuesto, aparece citado en alemán, aun cuando el libreto original de Lorenzo da Ponte está escrito, como se sabe, en italiano: «Und Sie? Was haben Sie geleistet, um diesen Namen zu besitzen? Sie haben sich die Mühe gemacht, geboren zu werden...»[11] (Lernet-Holenia, 1964c: 188).

La breve aclaración que el narrador autodiegético introduce en su relato tiene que ver, efectivamente, con la figura -ya mencionada a propósito de la novela *El Conde de Saint Germain*- de Felipe el Hermoso (Philippe IV le Bel), del que ya dijimos que fue hijo de Isabel de Aragón y marido de Juana I de Navarra, y, por esta última circunstancia, fue igualmente rey de Navarra. El pasaje que recoge su presencia en el relato es el siguiente:

---

[10] «En realidad, era una especie de gitano o levantino».

[11] «¿Y usted? ¿Qué ha hecho para tener ese nombre? Ha hecho el esfuerzo de nacer».

Dort oben, dachte ich, indem ich an den angeleuchteten Schloßmauern vorbeischritt, dort oben hatte man, vorzeiten, wohl noch ein mehreres von derlei Dingen gewußt. Nun aber lebte von denen, die dort einst geherrscht hatten, längst niemand mehr. Philipp der Schöne, der die Templer in der Tour du Coudray hatte festsetzen und danach verbrennen lassen, war genauso zu Asche zerfallen wie sie selber [...].[12] (Lernet-Holenia, 1964c: 176-177)

Del antagonismo de este rey hacia los templarios y de cómo propició su desaparición, ya hemos hablado igualmente en el apartado dedicado a *El Conde de Saint Germain*.

---

[12] «Allá arriba, pensé mientras pasaba por delante de los muros iluminados del castillo, allá arriba sabían mucho de estas cosas en otras épocas. Pero de todos cuantos antaño vivieron allí, ninguno seguía vivo. Felipe el Hermoso, que había hecho encarcelar a los templarios en la Tour du Coudray y luego los había hecho quemar, había sido reducido a cenizas al igual que ellos [...]».

## 7. HISTORIAS DE ALMANAQUE

I ncluimos en este epígrafe dos textos extraídos del libro *Dioses y hombres* (*Götter und Menschen*, 1964), que el propio Lernet-Holenia vincula a los, por entonces, habituales calendarios, «die außer ihren unanzweifelbaren Zeitangaben und sonstigen Daten meist auch noch eine Zahl von mehr oder weniger anzweifelbaren Geschichten, sogenannten Kalendergeschichten, enthalten»[1] (Lernet-Holenia, 1964d: 8). Tales textos, por tanto, tienen unas características especiales, son historias de almanaque; no cabría, consiguientemente, adscribirlos a los simples relatos breves, aunque, en algunos casos lo parezcan, ya que el propio autor los define de otro modo en la brevísima introducción al libro, fechada el 25 de octubre de 1963:

> Indem ich nun aber gleichfalls, noch einmal, eine Sammlung von Erzählungen vorlege, habe ich allerdings nicht, wie in den Kalendern, ganze Listen von Namenstagen, die Aufstellung der Tagesdauer und die Anfänge der Jahreszeiten, die Zeittafeln der beweglichen und unbeweglichen Feste, die Angabe der Mondphasen und allerhand weitere Hinweise auf die Stellungen der Sternenuhr vorausgehen lassen, das heißt, das Untere nicht, wie dort, an das Obere geknüpft. Zwar bin ich bemüht gewesen, diesem Mangel durch gelegentliche Hinweise auf ein Höheres im Texte selbst abzuhelfen. Doch wolle man diese Geschichten dennoch nicht nach der oberen, sondern nach der unteren Grenze all des Geschriebenen, des freilich nicht erst jetzt, doch wohl schon längst Gedichteten, beurteilen.[2] (*Ibidem*)

---

[1] «Que, además de sus fechas y otros datos incuestionables, suelen contener una serie de historias más o menos dudosas, las llamadas historias de calendario».

[2] «Sin embargo, al presentar, una vez más, una colección de historias, no las he precedido, como en los calendarios, de listas enteras de onomásticas, la relación de la duración de los días y los comienzos de las estaciones, las tablas de las fiestas movibles e inamovibles, la indicación de las fases de la luna y toda clase de otras referencias a las posiciones del reloj estelar, es decir, no he vinculado, como allí, lo inferior a lo superior. Es cierto que me he esforzado por remediar este defecto con referencias ocasionales a algo más elevado en el propio texto. Sin embargo, hay que juzgar estas historias no según el límite superior, sino según el límite inferior de todo lo que se ha escrito, por supuesto, no lo de ahora, sino lo compuesto desde hace ya mucho tiempo».

Se trata, por tanto, de escritos especialmente redactados para este libro y de otros redactados con anterioridad (de ahí que algunos de ellos lleven indicación de día, mes y año de su escritura, y otros no), pero, cuyas características se amoldan a las historias de calendario.

De entre todas las historias incluidas en *Dioses y hombres*, dos tratan de manera nítida cuestiones relacionadas con la cultura hispana, tal y como veremos a continuación.

### 7. 1. *La conquista del Perú*

Claramente enraizado en la cultura hispana resulta este breve texto, *La conquista del Perú* (*Die Eroberung von Peru*), a medio camino entre el relato histórico y el ensayo, que sintetiza una serie de hechos luctuosos relacionados con la conquista del Perú, como su propio título indica, por parte de Francisco Pizarro. Publicado por primera vez en el año 1935, e incluido en la antología *La nueva Atlántida*, lo mismo que el ya citado *Maresi*, su argumento no es más que una relación de crueldades llevadas a cabo por el conquistador extremeño contra los incas en general y, en particular, contra su caudillo y antagonista Atahualpa: cómo lo asesinó tras engañarlo con falsos acuerdos[3], y cómo, tras su victoria, sería el propio Pizarro asesinado por su compañero de conquista, Diego de Almagro.

El relato sigue con fidelidad los datos históricos –mezclándolos, a veces, con los legendarios–, y arranca con la condición de Pizarro de hijo ilegítimo, que habría tenido que trabajar como porquero y luego se haría soldado:

> Franz Pizarro, später Don Franz Pizarro, schließlich „Der Marquis" genannt, auch „Der Große Marquis", ist zwischen 1471 und 1478 in Truxilli als der illegitime Sohn eines Kapitäns Gonzalo Pizarro und einer gewissen Franziska Gonzalez geboren worden, die ihn aber, wie es heißt, nichts weiter lernen ließ, als Schweine zu hüten, und auch das schlecht, denn wegen eines ihm entlaufenen Schweines, das er nicht wieder finden konnte, entwich er ihr aus Angst vor Strafe und wurde Soldat.[4] (Lernet-Holenia, 1964f: 51)

---

[3] Este mismo argumento (la captura, prisión, engaño y muerte del caudillo inca Atahualpa, a manos de los hombres de Pizarro) lo había desarrollado Jakob Wassermann (1873-1934) en su relato *El oro de Cajamarca* (*Das Gold von Caxamalca*, 1923), basándose en la obra de William Hickling Prescott, *The Conquest of Peru* (1847).

[4] «Francisco Pizarro, más tarde Don Francisco Pizarro, llamado finalmente "El Marqués", también "El Gran Marqués", nació entre 1471 y 1478 en Trujillo, como hijo ilegítimo de un cierto capitán Gonzalo Pizarro y de una tal Francisca González, quien, sin embargo, al parecer, no le dejó aprender otra cosa que a pastorear cerdos, y además mal, porque a causa de un cerdo que se le escapó, y que no pudo volver a encontrar, huyó de ella por miedo al castigo y se hizo soldado».

Las circunstancias de su nacimiento son valoradas así por Bernard Lavallé (2005: 26-27): «Nacido fuera de matrimonio, de una criada y de un joven militar noble que partió a guerrear bajo otros cielos, el pequeño Francisco tuvo, sin duda, la infancia de los bastardos de su tiempo». Sin embargo, su condición de porquero sería fruto de un intento de infravalorarlo con respecto a la figura de otro conquistador, Hernán Cortés, «antiguo estudiante de la Universidad de Salamanca» (Lavallé, 2005: 27); circunstancia, desde luego, innecesaria, conocido el analfabetismo de Pizarro[5]. Así comenta Lavallé las palabras del cronista responsable de crear la leyenda del Pizarro cuidador de cerdos:

> Un cronista que estimaba poco a Pizarro, Francisco López de Gómara, ocupado en exaltar la figura de su patrón, Hernán Cortés, y para hacerlo siempre propenso a rebajar la de los otros conquistadores susceptibles de hacerle sombra al vencedor de Tenochtitlán, propagó sobre la juventud del primero aquello que es dable llamar una leyenda resistente en el tiempo. A lo largo de toda su infancia, Pizarro habría estado marcado por haber frecuentado a los cerdos, animales cargados de la imagen negativa que les conocemos, pero principal riqueza de las dehesas de Extremadura. Primero, abandonado en la puerta de una iglesia, el joven Francisco habría sido alimentado por una cerda… Posteriormente, reconocido por su padre entre dos campañas, habría sido empleado por él para pastorear piaras de cerdos que la familia poseía en los alrededores de Trujillo en sus tierras de la Zarza. Un día, sin duda en 1492 o 1493, habiendo perdido algunos animales y temiendo ser castigado, habría huido de Trujillo y partido hacia Sevilla en compañía de viajeros que se dirigían a la metrópoli andaluza. Tenía catorce años, quizá apenas un poco más. (*Ibidem*)

Efectivamente, el cronista de Indias aludido por Lavallé, Francisco López de Gómara (1511-1566), en el capítulo CXLIV de su *Historia General de las Indias* (1552), referente a la muerte de Francisco Pizarro, escribe lo siguiente, en línea con las palabras del historiador francés, pero también de Lernet-Holenia:

> Era hijo bastardo de Gonzalo Pizarro, capitán en Navarra. Nació en Trujillo, y echáronlo a la puerta de la iglesia. Mamó una puerca ciertos días, no se hallando quien le quisiese dar leche. Reconociólo después el padre, y traído de guardar los puercos, y así no supo leer. Dióles un día mosca a sus puercos, y perdiólos. No osó tornar a casa de miedo, y fuése a Sevilla con unos caminantes, y de allí a las Indias. (López de Gómara, 1979: 209)

Un ejemplo más podemos reproducir aquí, para mostrar el seguimiento que hace Lernet-Holenia de los datos –históricos o legendarios– de los cronistas de Indias; y

---

[5] «Permaneció analfabeto toda su vida, y por esta razón, sin duda, no le dio mayor importancia a lo escrito» (*ibidem*).

tiene que ver con la captura y muerte del caudillo inca Atahualpa, tras ser engañado por Pizarro. Veamos el texto del autor austríaco:

> Dieser Pizarro ist derselbe, der später den als Gast zu ihm nach Caxamalca kommenden Inka Atahualpa auf die Art gefangennahm, dass er ihn an dessen langem Stirnhaar aus der königlichen Sänfte riß, während gleichzeitig seine hundertundachtzig Spanier über das ganze indianische Heer herfielen und an die viertausend davon, Edle und Unedle, erstachen, gleich viele verletzten und dreitausend weitere einfingen, bei welcher ganzen Affäre von den Europäern kein einziger verwundet wurde als Pizarro selbst, nämlich im Gedräng durch einen seiner eigenen Fußsoldaten. Als eine Auslöse für Atahualpa empfing der Große Marquis sodann so viel Gold, wie bis zu einem, bei gestrecktem Arm, mit der Degenspitze in die Wand eingeritzten Strich ein Zimmer füllte, das sechzehn Fuß breit und zweiundzwanzig Fuß tief war; allein er lieferte den Inka auch dann nicht aus, sondern er ließ ihn erwürgen und warf mit einigen Hunderten verdächtiger Individuen, denen allen der Titel von Caballeros de la Espada Dorata versprochen worden war, ganz Peru zu Boden.[6] (Lernet-Holenia, 1964f: 51-52)

Y veamos ahora cómo narran los historiadores estos hechos:

> Finalmente, la litera de Atahualpa sufrió la arremetida de varios españoles. Uno de ellos llegó a tomar al Inca por los cabellos, mientras que los otros derribaban el asiento imperial. Cayó a tierra con las vestimentas hechas jirones; el Inca, ahora prisionero, fue rodeado por los soldados. (Lavallé, 2005: 145)

A propósito de la muerte del caudillo inca y del rescate pactado con Pizarro e incumplido por este, continúa diciendo Lavallé (2005: 154):

> A cambio de su libertad, él [Atahualpa] habría propuesto a Pizarro llenar con oro la habitación en la que se encontraban. Levantando el brazo y tocando el muro con la mano, habría hecho trazar una línea roja indicando la altura por alcanzar. Se haría lo mismo con las otras dos habitaciones contiguas, pero estas se llenarían con objetos de plata. El Inca habría precisado incluso que estos no deberían ser desguazados para ocupar menos volumen y aumentar así el rescate. Los españoles, atraídos solamente por el peso del oro contenido en los objetos que encontraban y de ninguna manera interesados por

---

[6] «Este Pizarro es el mismo que más tarde capturó al inca Atahualpa, que acudió a él como invitado en Cajamarca, de tal manera que lo arrancó del palanquín real por los largos cabellos de su frente, al tiempo que sus ciento ochenta españoles atacaban a todo el ejército indio y apuñalaron a unos cuatro mil de ellos, nobles e innobles, hirieron a un número igual y capturaron a tres mil más, en todo lo cual no fue herido ni uno de los europeos, salvo el propio Pizarro en medio de la multitud, por uno de sus propios soldados de a pie. Como rescate por Atahualpa, el Gran Marqués recibió después tanto oro como el que llenaba una habitación de dieciséis pies de ancho y veintidós de largo, hasta una línea marcada en la pared con la punta de su estoque, con su brazo extendido; sin embargo, ni siquiera entonces entregó al inca, sino que lo hizo estrangular y, con varios centenares de individuos sospechosos, a todos los cuales se les había prometido el título de Caballeros de la Espada Dorada, echó por tierra todo el Perú».

su valor estético, tenían, en efecto, la costumbre de triturar platos, jarrones, pectorales, revestimientos de templos, objetos de culto, etc., para transportarlos más fácilmente en forma de gruesos lingotes en espera de fundirlos. La habitación en la que debía ser almacenado el oro del rescate –y que tiene grandes posibilidades de no ser aquella que se muestra hoy a los turistas de Cajamarca– medía, según los testigos, más de ocho metros de largo por casi cinco metros de ancho. Ante la incredulidad de Pizarro, Atahualpa se había dado cuarenta días para llenarla.

Ilustración 7. Muerte de Atahualpa

Como se sabe, Pizarro no cumplió su promesa y, a pesar del rescate, dio muerte a Atahualpa:

El 26 de julio, Pizarro reunió a sus lugartenientes en una suerte de consejo de guerra y se decidió la muerte de Atahualpa. […]

Al llegar al centro de la plaza, el Inca fue amarrado a un tronco de árbol y se colocaron a sus pies haces de leña, pues se había tomado la decisión de quemarlo vivo por idólatra. Vicente de Valverde no cesaba de exhortarlo a morir habiendo recibido los santos sacramentos. Atahualpa habría preguntado adónde iban los cristianos después de su muerte. Frente a la respuesta de que eran enterrados en una iglesia, el Inca habría entonces declarado su voluntad de ser cristiano. Fray Vicente lo bautizó inmediatamente con el nombre de Juan o de Francisco, las fuentes varían. En vista de este súbito cambio, Pizarro decidió entonces conmutar no la pena, sino las condiciones de su ejecución. Atahualpa no moriría quemado vivo, sino estrangulado y con la nuca rota por el garrote, de manos de esclavos encargados de este tipo de tareas. Los numerosos indios que asistieron a la ejecución se dejaron caer al suelo y permanecieron postrados «como si estuviesen ebrios», nos dice Pedro Pizarro. (Lavallé, 2005: 173)

Podríamos seguir aportando ejemplos, pero los ya vistos resultan suficientes para valorar la total implicación de la cultura hispana en este breve texto, que no precisa más comentarios.

## 7. 2. *El aria del Conde Luna*

A diferencia del texto anterior, *El aria del Conde Luna* (*Die Arie des Grafen Luna*) lleva fecha de escritura (12 de agosto de 1963) y no tiene un argumento unitario, sino que mezcla varios motivos para transmitir la vinculación entre música y literatura en varias obras ajenas y una propia.

El relato parte de la afirmación de que algunos procesos de naturaleza trágica encuentran una plasmación musical, como es el caso de los relatos de E.T.A. Hoffmann (autor siempre vinculado a la música, a través de sus clases particulares, sus composiciones y su labor como director de orquesta) y su adaptación para la música por parte de Jacques Offenbach (1819-1880), que basa su ópera (u opereta) *Les Contes d'Hoffmann* (1879), en tres relatos hoffmannianos, a saber, *El consejero Krespel* (*Rat Krespel*), *El hombre de arena* (*Der Sandmann*) y *El reflejo perdido* (*Das verlorene Spiegelbild*)[7]. A partir de este ejemplo bien conocido, Lernet-Holenia pasa a exponer su experiencia personal con la novela –ya reseñada– *El conde Luna*, que, en principio iba a titularse *Las catacumbas* (*Die Katakomben*), pero cuyo título fue modificado por indicación de su editor. Como se sabe, el personaje homónimo ocupa el centro del relato, y el autor declara ahora que no había caído en la cuenta de que el tal Conde Luna es uno de los personajes principales del *Trovador*. Lernet-Holenia menciona el título en francés (*Troubadour*) y ello suscita la duda en el lector sobre si se está refiriendo a la ópera de Verdi *Il Trovatore* (1853) o a la pieza teatral que le sirve de base: *El trovador* (1846) de Antonio García Gutiérrez (1813-1884)[8]. Las dudas se incrementan cuando el autor austríaco expone el argumento[9], utilizando las palabras de C. L. Bachmann, que dicen así:

---

[7] Los relatos proceden, respectivamente, de los libros *Los hermanos de San Serapio* (*Serapionsbrüder*, 1819-1820), *Nocturnos* (*Nachtstücke*, 1816-1817) y *Fantasías a la manera de Callot* (*Fantasiestücke in Callots Manier*, 1814-1815).

[8] El libreto fue compuesto –sobre la base teatral señalada– por Salvatore Cammarano (1801-1852) y, una vez fallecido este, fue completado por Leone Emanuele Bardare (1820-1874).

[9] Es verdad que nuestro autor señala que «Immerhin begann mich schließlich auch die „Arie des Grafen Luna" zu verfolgen» («Después de todo, el "Aria del Conde Luna" finalmente comenzó a perseguirme» [Lernet-Holenia, 1964e: 333]). Parece, por tanto, que se refiere a la ópera verdiana, y que el aria a la que se refiere habría de ser "Il balen del suo sorriso", que entona Il Conte di Luna en el acto II, escena III.

„Das Geschehen spielt im Grunde auf drei Ebenen, die aber miteinander eng verflochten sind: auf der geschichtlichen, der menschlichen und der geheimnisvoll-zauberischen Ebene. Die vier Akte, die den Zeitraum von etwa 1410 bis 1412 umfassen, haben Episodencharakter und sind in jeweils zwei Schauplätze unterteilt, auf denen sich die Vorgänge zeitlich aneinanderfügen. Der historische Hintergrund ist durch den Kampf gegeben, den der Infant Ferdinand von Kastilien mit dem Herzog von Urgel um die Krone von Aragonien geführt hat. Der Graf Luna amtiert als Statthalter Ferdinands in der Provinz Saragossa. Er belagert die Veste Kastellor, die von den aufständischen Anhängern Urgels unter Führung des Troubadours Manrique verteidigt wird. Der Graf und Manrique sind Rivalen im Streit um die Gunst der Leonore von Sargasto, einer Hofdame der Königin-Witwe von Aragonien. Es war zwischen ihnen bereits zum Duell gekommen, aber der Sieger Manrique hatte einer inneren Stimme gehorcht und den Grafen geschont. In einer Schlacht (von der nur berichtet wird) zeigte sich Luna nicht dankbar. Er stürzte sich mit Übermacht auf den Troubadour, der nach dem Kampfe für tot galt. Das veranlaßte Leonoren, den Schleier zu nehmen. Im Kreuzgang des Klosters treffen der Graf und Manrique abermals aufeinander, beide in der Absicht, die Geliebte an ihrem Vorhaben zu hindern. Manrique nimmt Leonoren mit sich nach Kastellor. Mystische Vorgänge spiegeln sich in den Erzählungen des Ferrando und der Zigeunerin Azucena. Die Mutter Azucenas hatte auf dem Scheiterhaufen geendet, weil sie das Kind des alten Grafen Luna „behext" hatte. Azucena raubte, daraufhin, den Knaben, um ihn gleichfalls zu verbrennen, stieß aber, im Wahn, ihr eigenes Kind in die Flammen. Ihre mütterlichen Gefühle übertrug sie sodann auf Manrique – denn um diesen handelte es sich. Der Graf von Luna läßt am Ende im Troubadour seinen eigenen Bruder hinrichten. Azucena muß die Hinrichtung aus ihrem Kerkerfenster mit ansehen. Ihr Schmerz schlägt jedoch in den Triumph erfüllter Rache um. Leonore hat Gift genommen: um sie ist Nacht, das Grundmotiv der Oper." [10] (Lernet-Holenia, 1964e: 333-334)

---

[10] «"La acción básicamente tiene lugar en tres niveles, pero que están estrechamente entrelazados: el nivel histórico, el humano y el misteriosamente mágico. Los cuatro actos, que abarcan el período de alrededor de 1410 a 1412, tienen un carácter episódico y están divididos cada uno en dos escenas, donde los eventos están vinculados cronológicamente. El trasfondo histórico está basado en la lucha que el infante Fernando de Castilla libró con el duque de Urgel por la corona de Aragón. El conde Luna es el gobernador de Fernando en la provincia de Zaragoza. Asedia la fortaleza de Castellor, que es defendida por los seguidores rebeldes del de Urgel bajo el liderazgo del trovador Manrique. El conde y Manrique son rivales en la disputa por el favor de Leonor de Sargasto, una dama de compañía de la reina viuda de Aragón. Un duelo ya había tenido lugar entre ellos, pero el vencedor Manrique obedeció una voz interior y le perdonó la vida al conde. En una batalla (de la que solo se informa), Luna no se muestra agradecido. Se abalanzó con superiores fuerzas sobre el trovador, que fue considerado muerto después de la lucha. Esto llevó a Leonor a tomar el hábito. En el claustro del monasterio, el conde y Manrique se encuentran de nuevo, ambos con la intención de impedir el propósito de la amada. Manrique lleva consigo a Leonor a Castellor. En las historias de Ferrando y la gitana Azucena se reflejan eventos místicos. La madre de Azucena había acabado en la hoguera por "hechizar" al hijo del viejo conde Luna. A continuación, Azucena robó al niño para quemarlo también, pero, delirando, empujó al fuego a su propio hijo. Luego transfirió sus sentimientos maternales a Manrique, pues se trataba de él. Al final, el conde de Luna hace ejecutar a su propio hermano en la persona del trovador. Azucena tiene que ver la ejecución desde la ventana de su calabozo. Su dolor, sin embargo, se convierte en el triunfo de la venganza cumplida. Leonor ha tomado veneno: a su alrededor es de noche, el motivo básico de la ópera"».

Como es fácil comprobar, el argumento de la ópera y el de la pieza teatral son esencialmente el mismo; igual ocurre con los personajes, tal y como puede verse en el siguiente cuadro, que, aunque respeta el orden original en que figuran –tanto en la pieza teatral (cf. García Gutiérrez, 1868: 4), como en el libreto de la ópera (Cammarano / Verdi, 2016: 3)–, permite ver la clara correspondencia entre ellos:

| EL TROVADOR | IL TROVATORE |
|---|---|
| Dª Leonor de Sesé | Il Conte di Luna |
| Dª Jimena | Leonora |
| Azucena, *gitana* | Azucena |
| D. Manrique | Manrico |
| D. Nuño de Artal, *conde de Luna* | Ferrando |
| D. Guillén de Sesé | Ines |
| D. Lope de Urrea, *criado del conde de Luna* | Ruiz |
| Guzmán, *criado del conde de Luna* | Un vecchio zingaro |
| Gimeno, *criado del conde de Luna* | Un messo |
| Ferrando | |
| Ruiz, *criado de Manrique* | |
| Ortiz, *criado de D. Guillén* | |
| Un soldado | |
| Soldados, sacerdotes, religiosas | |

Tabla 1. Personajes de la obra dramática y de la ópera

Lernet-Holenia aclara, no obstante, los acontecimientos históricos que sirven de referente a la materia –tanto literaria como operística– del *Trovador*, y, aun a pesar de que se extiende excesivamente, si tenemos en cuenta la brevedad de esta historia de calendario, vale la pena reproducir sus palabras al completo, porque dan muestra de los precisos conocimientos que nuestro autor poseía del contexto en el que se enmarca. Dice así Lernet-Holenia:

Geschichtlich jedoch stellt sich der Thronstreit um Aragonien dar wie folgt: Pedro IV. von Aragonien war 1387 gestorben. Unter Juan, seinem Sohne, ging ganz Sardinien an Leonore Visconti verloren. Juan starb 1393, ohne daß er auch nur das mindeste zur Wiedereroberung der Insel getan hätte. Jetzt mußte, dem bestehenden Recht zufolge, Martin der Ältere, sein Bruder, der sich in Sizilien befand, um diese Insel Martin dem Jüngeren, seinem Sohne, zu unterwerfen, auf dem aragonesischen Throne folgen. Allein Graf Matthäus von Foix, der Gemahl von Juans ältester Tochter Juana, trat als Kronbewerber auf; und obwohl sich Martin siegreich behauptete, verhinderten ihn dennoch erneute Unruhen, die Thronfolge zu regeln. Er starb 1410, nachdem sein gleichnamiger Sohn schon ein Jahr zuvor in Sizilien einen frühen Tod gefunden hatte.

Viele Thronbewerber traten nun auf: der Herzog Luigi von Kalabrien (Juan I. Tochtersohn), der Infant Ferdinand von Kastilien (Martins Schwestersohn), der Herzog von Gandia (Jakobs II. Enkel), der Graf Jakob von Urgel (Alfons IV. Urenkel) und der noch unmündige natürliche Sohn des jüngeren Martin, Fadrique de Tarsia, der jedoch bald zurücktrat. Manche Große, so der Erzbischof Garcia Heredia von Saragossa, der Justitiar Juan Ximenez Cerdan und andere mehr standen auf der Seite des durch Edelsinn und Tapferkeit ausgezeichneten Kastiliers, während eine andre Partei den Grafen von Urgel unterstützte. Die Stände Aragoniens und Kataloniens entzweiten sich, ebenso von Valencia, und es bildeten sich abgesonderte Parlamente. Endlich, nach einer Niederlage der Urgelschen Partei im Jahre 1412, wurden je drei Schiedsrichter aus jedem der drei Reiche gewählt, welche mit sechs gegen drei Stimmen Ferdinand von Kastilien für den rechtmäßigen Erben erklärten. Ihm, Ferdinand I., huldigten auch Mallorca und Sizilien sowie die Sarden, nachdem sie die Sache des Vizegrafen von Narbonne, des Schwagers der obengenannten Leonore Visconti, aufgegeben hatten. Ferdinand starb 1416. Sein ältester Sohn Alfons V. übernahm die Regierung, allerdings nur um sie so bald wie möglich in die Hand seiner Gemahlin Maria von Kastilien zu legen und seinem Drange nach kriegerischen Abenteuern zu folgen. Alfons ist der Held und, da er Neapel und Sizilien mit Aragonien vereinigte, zugleich auch einer der mächtigsten Fürsten seines Zeitalters. Er hinterließ nur einen natürlichen, vom Papst aber legitimierten Sohn, der in Neapel sukzedierte. Die spanischen Reiche nebst Sardinien und Sizilien erbte Juan II., sein Bruder, der durch seine Gemahlin Blanca auch König von Navarra war. Er starb 1479. Ihm folgte sein Sohn Ferdinand II., der Gemahl Isabellas, der Thronerbin von Kastilien. Hiedurch, sowie durch die Eroberung von Granada, ward er Herr der gesamten spanischen Länder. Seine Tochter Juana, genannt La Loca, die Wahnsinnige[11], brachte ganz Spanien, die Beiden Sizilien, Mallorca, Menorca, die Kanarischen Inseln, die „Inseln des Ozeans und die ozeanischen Festländer", oder zum mindesten die Erbansprüche auf all dies, ihrem Gatten Philipp dem Schönen, dem Sohne des Kaisers Maximilian und der Maria von Burgund, mit in die Ehe; und übrig, das heißt selbständig, blieb von der ganzen iberischen Halbinsel nur ein verhältnismäßig schmaler Streifen an der Westküste, nämlich Portugal, das von den Braganzas und zuletzt auch noch von einem Zweige des Hauses Sachsen-Coburg und Gotha immer weiter und immer kümmerlicher regiert wurde, bis auch diese Herrlichkeit unter Emmanuel Maria Philipp Karl Amelio Ludwig Michael Raphael Gabriel Gonzaga Xaver Franz von Assisi Eugen König von Portugal und Algarbien diesseits und jenseits des Meeres in Afrika, Herrn von Guinea, durch Eroberung, Schiffahrt und Handel von Äthiopien, Arabien, Persien, Indien usw., Allergläubigster Majestät[12], ein Ende nahm.[13] (Lernet-Holenia, 1964e: 334-336).

---

[11] Sobre Juana la Loca trata el relato histórico de Jakob Wassermann, *Donna Johanna von Kastilien* (1906), fundamentalmente de sus últimos años de locura, desde poco antes de su casamiento con Felipe el Hermoso, hasta la muerte de este y, posteriormente, de la suya propia.

[12] "Sua majestade fidelíssima" o, en latín "Rex fidelissimus", es un apelativo de los reyes de Portugal.

[13] «Históricamente, sin embargo, la controversia sobre el trono de Aragón es la siguiente: Pedro IV de Aragón había muerto en 1387. Bajo Juan, su hijo, toda Cerdeña se perdió para pasar a manos de Leonor Visconti. Juan murió en 1393 sin haber hecho nada para recuperar la isla. Ahora, según el derecho

Sentadas estas referencias contextuales históricas, Lernet-Holenia aclara la siguiente anacronía del libreto operístico:

> Grafen von Luna hat es zur Zeit, zu welcher der „Troubadour" spielt, noch keine gegeben, nur einen sicheren Alvaro de Luna, Grafen von Gormas, 1388 als natürlicher Sohn eines Don Alvaro de Luna geboren. Er kam 1408 an den kastilischen Hof, wurde Günstling und Minister Juans II., ward durch Intrigen der Granden zweimal exiliert, 1445 aber zum Oberbefehlshaber der gesamten Kriegsmacht ernannt, nachdem er schon vorher zum Konnetabel erhoben worden war, und trotzdem im Jahre 1453 in Valladolid hingerichtet, weil er sich ohne königliche Erlaubnis mit der Infantin Maria von Portugal vermählt hatte.[14] (Lernet-Holenia, 1964e: 336-337)

<hr />

vigente, Martín el Viejo, su hermano, que estaba en Sicilia para someter esta isla a Martín el Joven, su hijo, tenía que seguir en el trono aragonés. Solo que el conde Mateo de Foix, el esposo de la hija mayor de Juan, Juana, surgió como pretendiente de la corona; y aunque Martín se afirmó victorioso, los disturbios renovados le impidieron resolver la sucesión al trono. Murió en 1410, después de que su hijo del mismo nombre encontrase una muerte prematura en Sicilia un año antes. Ahora aparecieron muchos aspirantes al trono: el duque Luigi de Calabria (hijo de la hija de Juan I), el infante Fernando de Castilla (hijo de la hermana de Martín), el duque de Gandía (nieto de Jacobo II), el conde Jacobo de Urgel (bisnieto de Alfonso IV) y el hijo natural, aún menor de edad, de Martín el Joven, Fadrique de Tarsia, quien, sin embargo, pronto renunció. Algunos Grandes, como el arzobispo García Heredia de Zaragoza, el justicia Juan Ximénez Cerdán y otros, apoyaron al castellano, que se distinguía por la nobleza y la valentía, mientras que otro partido apoyó al conde de Urgel. Los estados aragoneses y catalanes se dividieron, al igual que los de Valencia, y se formaron parlamentos separados. Finalmente, después de la derrota del partido de Urgel en 1412, se eligieron tres árbitros de cada uno de los tres reinos, quienes declararon a Fernando de Castilla como el heredero legal con seis votos contra tres. Mallorca y Sicilia, así como los sardos, también le rindieron homenaje a él, Fernando I, después de renunciar a la causa del vizconde de Narbona, cuñado de la mencionada Leonor Visconti. Fernando murió en 1416. Su hijo mayor, Alfonso V, se hizo cargo del gobierno, pero solo para ponerlo en manos de su esposa María de Castilla lo antes posible y seguir su impulso de aventuras bélicas. Alfonso es el héroe y, desde que unió Nápoles y Sicilia con Aragón, también uno de los príncipes más poderosos de su época. Dejó solo un hijo natural, pero legitimado por el Papa, sucesor en Nápoles. Los reinos españoles, junto con Cerdeña y Sicilia, los heredó Juan II, su hermano, quien también era rey de Navarra a través de su esposa Blanca. Murió en 1479. Fue sucedido por su hijo Fernando II, consorte de Isabel, heredera del trono de Castilla. A través de esto, así como por la conquista de Granada, se convirtió en dueño de todos los países españoles. Su hija Juana, llamada La Loca, aportó, por matrimonio, a su esposo Felipe el Hermoso, el hijo del emperador Maximiliano y María de Borgoña, toda España, ambas Sicilias, Mallorca, Menorca, las Islas Canarias, las "Islas del Océano y el Continente Oceánico" o, al menos, las pretensiones de todo esto; y quedó como restante –es decir, independiente– de toda la Península Ibérica solo una franja relativamente estrecha en la costa oeste, a saber, Portugal, que fue gobernado cada vez más pobremente por los Braganza y finalmente por una rama de la Casa de Sajonia-Coburgo y Gotha hasta que este esplendor llegó a su fin bajo Emmanuel María Felipe Carlos Amelio Luis Miguel Rafael Gabriel Gonzaga Xavier Francisco de Asís Eugenio, Rey de Portugal y del Algarve a este y al otro lado del mar en África, Señor de Guinea, a través de la conquista, la navegación y el comercio de Etiopía, Arabia, Persia, India, etc., Majestad fidelísima».

[14] «No había condes de Luna en la época en la que se ambienta el "Trovador", solo un documentado Álvaro de Luna, conde de Gormaz, nacido en 1388 como hijo natural de don Álvaro de Luna. Llegó a la corte castellana en 1408, se convirtió en favorito y ministro de Juan II, fue exiliado dos veces por intrigas

La historia de almanaque acaba con un *post scriptum*, en el que, haciendo un guiño al argumento de su propia novela, *El Conde Luna*, declara que no piensa acudir al estreno de la ópera de Verdi en Salzburgo, o a una reposición, para no caer en las trampas que los personajes pudieran tenderle (cf. Lernet-Holenia, 1964e: 339).

Los datos históricos que vierte Lernet-Holenia en este breve escrito confirman de manera nítida el alto nivel de conocimiento y de interés que atesora el autor sobre la cultura hispana, y cuyo grado de precisión, resulta de todo punto sorprendente.

---

de los Grandes, pero en 1445 fue nombrado mando supremo de todo el ejército, y sin embargo fue ejecutado en Valladolid en 1453, por haberse casado con la infanta María de Portugal sin permiso real».

## 8. MOTIVOS Y TEMAS

C omo ya se ha señalado con anterioridad, prácticamente la totalidad de las
referencias al mundo hispano que Lernet-Holenia introduce en su obra literaria
ha sido vista aquí, en mayor o menor medida, salvo alguna circunstancial o
anecdótica, sin gran alcance[1]. Estamos, por tanto, ante una relación, si no
completamente exhaustiva, sí, al menos, notoriamente significativa y que permite
apreciar con cierta nitidez el carácter y la orientación de las referencias hispanas
señaladas. En este sentido, y en líneas generales, cabría dividir los motivos –en cuanto
unidades temáticas pequeñas, que todavía no han adquirido la categoría de fábula o
*plot*, según los define Elisabeth Frenzel (1979: 28)– en cuatro categorías, que a
menudo se solapan y que guardan una cierta gradación semántica con respecto a la
materia de la obra, llegando incluso a conformarla, y que ahora pasamos a exponer.

En primer lugar, habría que señalar una serie de motivos de carácter anecdótico,
que resultan prescindibles, y cuya presencia puede ser de tipo explicativo, descriptivo
o de simple erudición. Se trata de los que Elisabeth Frenzel denomina *Füllmotive* o
*Randmotive*, «motivos secundarios de relleno o adorno», en palabras de Cristina
Naupert (2001: 102). Es el caso, por ejemplo, del poema "Escuela española", cuya
conexión hispana tiene que ver únicamente con el origen español de los caballos
lipizanos; de la recreación de un poema de Teobaldo I de Navarra en el libro
*Canciones de amor elevado (transcripciones)*; de la novela *Jo y el señor a caballo*,
donde la existencia de una familia de origen sefardí no tiene mayores implicaciones;
de la alusión a personajes hispanos (Gómez) o regiones de nuestra geografía (Castilla,

---

[1] Es el caso, por ejemplo, del texto titulado *La carta de Pembroke* (*Der Pembroke-Brief*, 1952), incluido
en *Los caminos del mundo* (*Die Wege der Welt*), y que se abre con un lema del humanista valenciano
Luis Vives (1492-1540) (Lernet-Holenia escribe Vivez), que dice: *Undique ad inferos tantundem viae
est* («El camino hacia el infierno es igual de largo en todas partes»). Lernet-Holenia justifica así esta cita
en el arranque de su obra: «Diese ursprünglich lateinisch Geschriebene, an den spanischen Autor Luiz
Vives gerichtete Brief eines ungenannt Gebliebenen ist zuerst aus Philip Sidneys, beziehungsweise seiner
Schwester, der Gräfin Pembroke, Nachlaß veröffentlicht worden» («Esta carta, originalmente escrita en
latín y dirigida al autor español Luis Vives por una persona anónima, fue publicada por primera vez a
partir del legado de Philip Sidney, o más bien de su hermana, la condesa Pembroke») (Lernet-Holenia,
1952: 107).

León, Aragón...) en *La resurrección de Maltravers*; de *El hombre del sombrero*, donde se habla de una billetera con un escudo de armas y una divisa que remite al *Quijote*; de la referencia a la canción "La Paloma" en *Las dos Sicilias*, independientemente de que el propio título de la novela aluda al regimiento hispano homónimo; o de *El Conde de Saint Germain*, donde las alusiones al emperador Carlos V y al rey Felipe IV suponen pausas digresivas de carácter erudito, que tampoco tienen una especial relevancia en el cuerpo de la obra. En el caso de los relatos cortos, habría que mencionar, en *Maresi*, la explicación de que fueron los españoles quienes llevaron los caballos a América, o la alusión a Felipe II y a la frase, a él atribuida, de que en sus dominios nunca se ponía el sol; en *Mona Lisa*, hay que mencionar únicamente el contexto histórico de la campaña del Rosellón, del año 1503, y el enfrentamiento entre el ejército francés de Luis XII y el español del duque de Alba; en *Las tres plumas*, únicamente la presencia de un personaje de origen español (Domingo Cabrera); y, finalmente, en *El unicornio*, la alusión a Felipe el Hermoso (Philippe IV le Bel) de Francia, que fue también Rey de Navarra. Todos estos motivos no aportan más que un cierto colorido, frecuentemente erudito, como se ha dicho, a la obra que los contiene, y esta podría igualmente desarrollarse sin ellos sin grandes variaciones.

Otra serie de motivos son los que cabría denominar de ubicación (*Rahmenmotive* o motivos de marco, según la clasificación de Elisabeth Frenzel, «cuya función es el apoyo del motivo central» [Naupert, 2001: 101-102]), que resultan necesarios para dar verosimilitud o reforzar los acontecimientos, como es el caso del poema "Compositor neomexicano de canciones ligeras", cuyo enmarque en la cultura mexicana da sentido a la "tragedia pasional" que desarrolla; o en *El joven Moncada* (tanto la novela como las dos piezas teatrales que la preceden, ambas con el título de *Comedia española*), donde se habla de costumbres y circunstancias políticas que confieren realismo a la obra, y que igualmente –y más allá de esto– refuerzan el carácter 'picaresco' de la fábula. Igualmente, en la novela *El estandarte*, la denominación del Regimiento de Infantería Rey de España o el de Las Dos Sicilias, confieren, por su concreción, un halo de verosimilitud a la historia.

Ya en un plano relacionado con el tratamiento discursivo de la narración, habría que mencionar los motivos especulares o recurrentes, que refuerzan la estructura de la obra, como, en el primer caso, el relato de los antecedentes del protagonista de *El joven Moncada*, que remite a una supuesta obra de Tirso de Molina y que hace de la pieza teatral atribuida a Tirso un relato especular que reforzaría el relato marco. Lo mismo sucede con el papel de Álvaro de Luna en *El Conde Luna*, cuya trayectoria histórica presta su carga semántica al antagonista de la novela, con el que el personaje hispano se relaciona. Igualmente, en *La resurrección de Maltravers*. la alusión a la figura de la Bella Otero opera de manera refractaria de la ocultación de la verdadera personalidad del héroe. En cuanto a los motivos recurrentes relacionados con la cultura hispana, habría que mencionar la novela *Yo fui Jack Mortimer*, donde la canción "Castelliana", que interpretan los personajes Montemayor y Consuelo, aparece de una manera reiterada y constituye un *Leitmotiv* significativamente situado como apertura y final de la fábula; del mismo modo, la alusión a la habanera "La Paloma" en la novela *El estandarte*, relacionada con la muerte de Maximiliano de México, refuerza igualmente el carácter nostálgico y melancólico de la historia narrada.

Finalmente, una serie de motivos hacen que la presencia hispana conforme el tema de la obra[2], por lo tanto, esa presencia lo ocupa todo, se trata de los *Kernmotive*, («motivos nucleares o centrales» [Naupert, 2001: 101]), según la terminología de Elisabeth Frenzel. Es el caso de *Los pretendientes al trono*, cuya temática es la sucesión tras la dictadura de Franco –aunque se disfrace con otros nombres–, por tanto, se desarrolla un episodio de la historia de España, frecuentemente desde un plano prospectivo, y no puede entenderse de otro modo; del relato *La conquista del Perú*, sobre la figura de Francisco Pizarro y los reprobables y luctuosos hechos que llevó a cabo en ese país; y, tangencialmente, del poema sobre Barlaam y Josafat, cuya materia, aunque presente en distintas culturas, no solo europeas, tiene una especial vinculación con la española, como ya se ha dicho en su momento. En el caso, igualmente, de la historia de almanaque *El aria del Conde Luna*, la obra teatral *El trovador*, de Antonio García Gutiérrez, así como la figura del Condestable de Castilla, Álvaro de Luna, son referentes imprescindibles del relato.

De esta clasificación se colige que, si bien priman los motivos hispanos de carácter anecdótico y prescindible, estos son muy abundantes y están presentes en gran cantidad de obras, como hemos visto. Ello resulta altamente significativo, sobre todo, si tenemos en cuenta, con Ulrich Weisstein (1975: 280), que «la identificación de un tema sólo es posible descomponiéndolo en sus componentes esenciales (motivos)», y que, por tanto, estos aportan una cierta carga semántica a la historia, por muy marginal que sea. Pero si a ellos sumamos los otros motivos de mayor relevancia (de ubicación y de carácter discursivo), hasta llegar a los que demarcan claramente la temática de la obra, puede concluirse que, más allá del gran interés del autor por nuestra cultura, esta forma parte intrínseca de la suya propia –como señalaba Joseph Roth, y ya hemos mencionado al comienzo de este trabajo–, en cuanto representante significativo de la literatura habsbúrgica, puesto que «España históricamente limita con Austria [...] Los Habsburgo son españoles que han adquirido el carácter austriaco y conservaron el ceremonial español» (Roth, 1989).

---

[2] No olvidemos que, como nos recuerda U. Weisstein (1975: 283), «Es curioso que Trousson, que habla del tema como de la "expression particulière d'un motif, son individualisation ou, si l'on veut, le résultat du passage du général au particulier"» [...], incluya los motivos literarios en la materia prima (*matière*)».

# 9. Conclusión

Lernet-Holenia parece haber tenido muy presente la españolidad de los Habsburgo, como es fácil colegir por la lectura de estas páginas. Él mismo sería una prueba irrefutable de esa simbiosis cultural hispano-austríaca, que en su tarea literaria está presente de manera ostensible en todos los géneros que cultivó, de manera que el mundo hispano se convierte en una suerte de motivo recurrente que, en mayor o menor medida, dota de significado a la obra que lo contiene, y que va del simple ornato caracterizador, como ya dijimos, a una carga semántica profunda.

En efecto, sus primeros tientos literarios, que arrancan con la lírica, muestran muy circunstanciales referencias hispanas, como la traducción de un poema de Teobaldo I de Navarra; pero estas, paulatinamente, se van ensanchando más con el poema "Barlaam y Josaphat"; vuelven a lo anecdótico con la loa a la Escuela Española de Equitación de Viena; y finalmente presentan una clara influencia del corrido mexicano con su poema "Compositor neomexicano de canciones ligeras".

En el ámbito teatral, la presencia hispana es explícita y absolutamente significativa, tanto en la *Comedia española*, de título revelador, como en *Los pretendientes al trono*. Si en la primera, Argentina y España constituyen el marco de los acontecimientos y los personajes (todos ellos, hispanos) revelan comportamientos y actitudes que parodian en cierto modo la idiosincrasia patria con una marcada dosis de picaresca, en la segunda se trata, también de modo paródico, el problema sucesorio en la España de Franco desde una óptica hipotética pero plausible.

Es, sin duda, en sus novelas donde Lernet-Holenia presenta un mayor acopio referencial hispano. Si se tiene en cuenta que probablemente sea la novelística el género más destacado y el que le proporcionó una mayor repercusión –aunque hoy en día esta sea escasa–, la presencia hispana resulta aquí tanto más significativa. Dos son las obras más destacables dentro de este género novelesco, que hemos visto al final del capítulo respectivo: *El joven Moncada* y *El Conde Luna*. La primera, como ya se dijo, constituye una transcodificación de la pieza teatral *Comedia española*, por tanto, el carácter más expansivo del género novelesco (que demora el desenlace con pausas descriptivas y digresivas) frente al teatral (más abocado al final), le permite a su autor explayarse más en lo tocante a la idiosincrasia española, tratada también desde un punto de vista humorístico y paródico. En cuanto a *El Conde Luna*, el seguimiento que hace el autor de textos históricos, como la *Historia genealógica y heráldica de la monarquía española*, de F. Fernández de Béthencourt o las anónimas *Crónica de don Álvaro de Luna* y *Anales de la corona de Aragón*, dan cuenta suficiente del grado de profundización cultural hispana que Lernet-Holenia atesoraba.

Por lo que respecta a los relatos breves, prácticamente en todos ellos las referencias a la cultura hispana son anecdóticas (alusiones a la conquista de América en *Maresi*; a la campaña del Rosellón, del año 1503, en *Mona Lisa*; o la presencia de un personaje de origen sudamericano en *Las tres plumas*) y, por eso mismo, prescindibles; sin embargo, el hecho de que el autor las haya introducido refuerza su interés –tal vez, de modo más evidente– por un ámbito cultural que, si dejamos aparte las vinculaciones habsbúrgicas, que en gran medida las justifican, le resultaría ajeno.

De las *Historias de almanaque*, claramente *La conquista del Perú* supone una muestra de los conocimientos históricos sobre España con los que Lernet-Holenia nos sorprende y donde se vislumbra –de manera implícita, pero evidente– la lectura de cronistas de Indias como López de Gómara, desde luego, no al alcance de cualquiera que no tuviese un marcado interés por los hechos ahí comentados.

De todo ello se deriva la necesidad de dar cuenta de este significativo interés por el mundo hispano –y ese es el propósito de este trabajo– en un autor cuya presencia en la historia de la literatura de habla alemana se justifica por otras características. Alexander Lernet-Holenia merecería, desde luego, ser más conocido entre nosotros, no solo por estas circunstancias, sino también por sus altos méritos literarios, hoy injustamente olvidados. Su amigo y admirado Rilke llegó a decir que podría destacar en cualquier género literario que se propusiese, pero los vaivenes de la crítica y la política editorial, que lo encumbraran en su momento, lo llevaron posteriormente a un cierto ostracismo, del que paulatinamente parece ir saliendo en los últimos tiempos, a juzgar por la lenta, pero continua aparición de traducciones de su obra en nuestra lengua. Deseamos que así sea y que este autor austríaco de origen hispano, que tan frecuentemente dio fe de su raigambre, se sitúe por fin en el lugar que le corresponde.

# REFERENCIAS BIBLIOGRÁFICAS

## Fuentes primarias

LERNET-HOLENIA, Alexander (1933). *Jo und der Herr zu Pferde*. Berlin: Gustav Kiepenheuer Verlag.

LERNET-HOLENIA, Alexander (1933). *Ich war Jack Mortimer*. Saarbrücken: Club der Buchfreunde (= S. Fischer Verlag, Frankfurt).

LERNET-HOLENIA, Alexander (1946a). *Die drei Federn*, en *Der siebenundzwanzigste November*. Wien: Amandus-Edition, pp. 125-149.

LERNET-HOLENIA, Alexander (1946b). «Lepanto (1571)». En *Die Trophäe*, Band II (= Szenen). Zürich: Pegasus Verlag, pp. 75-197.

LERNET-HOLENIA, Alexander (1948). *Spanische Komödie in drei Akten.* Wien: Bermann-Fischer Verlag.

LERNET-HOLENIA, Alexander (1949). *Drei große Liebesgeschichten*. Zürich: Morgarten Verlag.

LERNET-HOLENIA, Alexander (1952a). «Der Pembroke-Brief». En *Die Wege der Welt*. Wien: Verlag Herold, pp. 107-126.

LERNET-HOLENIA, Alexander (1952b). *Das Calatrava-Kreuz*, en *Die Wege der Welt, cit.*, pp. 277-285.

LERNET-HOLENIA, Alexander (1954). *Der junge Moncada*. Zürich: Rascher Verlag.

LERNET-HOLENIA, Alexander (1964a). *Maresi*, en *Mayerling*. München / Zürich: Droemersche Verlagsanstalt Th. Knaur Nachf, pp. 122-135.

LERNET-HOLENIA, Alexander (1964b). *Mona Lisa*, en *Mayerling, cit.*, pp. 5-38.

LERNET-HOLENIA, Alexander (1964c). *Das Einhorn*, en *Mayerling, cit.*, pp. 175-188.

LERNET-HOLENIA, Alexander (1964d). *Götter und Menschen*. Wien / Hamburg: Paul Zsolnay.

LERNET-HOLENIA, Alexander (1964e). *Die Arie des Grafen Luna*, en *Götter und Menschen, cit.*, pp. 329-339.

LERNET-HOLENIA, Alexander (1964f). *Die Eroberung von Peru*, en *Götter und Menschen, cit.*, pp. 51-54.

LERNET-HOLENIA, Alexander (1965a). *Glastüren*, en *Theater: Glastüren, Spanische Komödie, Die Thronprätendenten*. Wien / Hamburg: Paul Zsolnay Verlag, pp. 5-83.

LERNET-HOLENIA, Alexander (1965b). *Spanische Komödie*, en *Theater: Glastüren, Spanische Komödie, Die Thronprätendenten, cit.*.

LERNET-HOLENIA, Alexander (1965c). *Die Thronprätendenten*, en *Theater: Glastüren, Spanische Komödie, Die Thronprätendenten, cit.*

LERNET-HOLENIA, Alexander (1973). *Beide Sizilien*. Wien / Hamburg: Paul Zsolnay Verlag.

LERNET-HOLENIA, Alexander (1976). *Der Mann im Hut*. Wien / Hamburg: Paul Zsolnay Verlag.

LERNET-HOLENIA, Alexander (1977). *Der Graf von Saint-Germain*. München / Zürich: Droemer Knaur.

LERNET-HOLENIA, Alexander (1979). *Die Auferstehung des Maltravers*. Berlin: Suhrkamp.

LERNET-HOLENIA, Alexander (1981). *Graf Luna*. Wien / Hamburg: Paul Zsolnay Verlag.

LERNET-HOLENIA, Alexander (1989). *Das lyrische Gesamtwerk*. Hrsg. von Roman Roček, Wien / Darmstadt: Paul Zsolnay.

LERNET-HOLENIA, Alexander (1996). *Die Standarte*. Wien: Paul Zsolnay Verlag.

**Fuentes secundarias**

*BARLAAM E JOSAFAT* (1979). Edición crítica de J. E. Keller y R. W. Linker, Madrid: Consejo Superior de Investigaciones Científicas.

BORGES, Jorge Luis (2019). *El informe de Brodie*, en *Cuentos completos*. Barcelona: Lumen, pp. 347-423.

CAMMARANO, Salvadore / Verdi, Giuseppe (2016). *Il trovatore. Dramma in quattro parti*. [En línea] en http://www.librettidopera.it/zpdf/trovatore.pdf.

CERVANTES, Miguel de (2004). *Don Quijote de La Mancha*. Madrid: Real Academia Española / Asociación de Academias de la Lengua Española.

*CRÓNICA DE DON ÁLVARO DE LUNA, CONDESTABLE DE CASTILLA, MAESTRE DE SANTIAGO* (1940). Edición y estudio de J. de Mata Carriazo, Madrid: Espasa-Calpe.

GARCÍA GUTIÉRREZ, Antonio (1868). *El trovador. Drama en cinco actos, en verso*. Salamanca: Establecimiento Tipográfico del Hospicio.

LÓPEZ DE GÓMARA, Francisco (1979). *Historia general de las Indias y Vida de Hernán Cortés*. Edición de J. Gurria Lacoix, Caracas: Biblioteca Ayacucho.

SANTILLANA, Marqués de (1980). *Poesías completas*, tomo II [= *Poemas morales, políticos y religiosos. El proemio e carta*]. Edición de M. Durán, Madrid: Castalia.

MOLINA, Tirso de (1969). *Quien habló, pagó*, en *Obras dramáticas completas*. Edición de B. de los Ríos, Madrid: Aguilar, tomo I, pp. 1457-1512.

MOLINA, Tirso de (1973). *Privar contra su gusto*. Edición de B. Galassi, Madrid: Playor.

MOLINA, Tirso de (1996). *Cigarral tercero*, en *Cigarrales de Toledo*. Edición de L. Vázquez Fernández, Madrid: Castalia, pp. 275-428.

MOLINA, Tirso de. *El amor y la amistad*, [en línea] en http://www.cervantesvirtual.com/obra/el-amor-y-el-amistad--0/.

OTERO, Caroline (1926). *Les souvenirs et la vie intime de la Belle Otero*. Paris: Éditions Le Calame.

RIVAS, Duque de (1956). *Romances históricos*, en *Obras completas*. Madrid: Aguilar, pp. 509-683.

THIBAUT DE CHAMPAGNE (1925). *Las chansons de Thibaut de Champagne, roi de Navarre*. Édition critique publiée par Axel G. Wallensköld, Paris : Champion.

WERFEL, Franz (1924). *Juarez und Maximilian*. Berlin / Wien / Leipzig: Paul Zsolnay Verlag.

ZURITA, Jerónimo (1974). *Anales de la corona de Aragón*. Edición de A. Canellas López, Zaragoza: Institución "Fernando el Católico (C.S.I.C.), tomos 5-7.

## Estudios

AGUIRRE, Rafael A. (1988). *Barlaam e Josafat en la narrativa medieval*. Madrid: Playor.

*ALEXANDER LERNET-HOLENIA*, [en línea] en http://www.lernet-holenia.com/de/romane.html

BECK, Andreas (1996). *El fin de los templarios. Un exterminio en nombre de la legalidad*. Trad. de M. Gomis Alepuz, Barcelona: Ediciones Península.

BURDORF, Dieter / FASBENDER, Christoph / MOENNIGHOFF, Burkhard [Hrsg.] (2007). *Metzler Lexikon Literatur*. Stuttgart / Weimar: J. B. Metzler.

CALDERÓN ORTEGA, José Manuel (1998). *Álvaro de Luna: riqueza y poder en la Castilla del siglo XV*. Madrid: Dykinson.

CAÑIZARES, Patricia (2000). «La *Historia de los dos soldados de Cristo, Barlaan y Josafat* traducida por Juan de Arce Solorzeno (Madrid 1608)», *Cuadernos de Filología Clásica. Estudios Latinos*, 19, pp. 259-271.

CARNERO BURGOS, Severino (1990). *Edición y estudio del "Barlán y Josafat" (versión castellana)*. Madrid: Universidad Complutense, tomo I.

CHEVALIER Marie-Anna (dir.) (2012), *La fin de l'ordre du Templ*. Paris : Geuthner.

COSTA CLAVELL, Xavier (1979). «Verdad y ficción en la historia de la Bella Otero», en *Tiempo de Historia*, año V, n° 55, pp. 110-119.

*CONDADO DE LUNA*, [en línea] en
http://es.wikipedia.org/wiki/Condado_de_Luna_(1462)

*CONDADO DE LUNA*, [en línea] en
http://es.wikipedia.org/wiki/Condado_de_Luna_(1598)

*CONDADO DE OSONA*, [en línea] en
http://es.wikipedia.org/wiki/Condado_de_Osona

DASSANOWSKY, Robert (1996). *Phantom Empires. The Novels of Alexander Lernet-Holenia and the Question of Postimperial Austrian Identity*. Riverside, CA: Ariadne Press, 1996.

DURÁN, Manuel (1980). «Introducción», en Marqués de Santillana, *Poesías completas*, tomo II [= *Poemas morales, políticos y religiosos. El proemio e carta*]. Ed. de M. Durán, Madrid: Castalia, pp. 7-15.

EQUIPO GLIFO (1998). *Diccionario de termos literarios*. Santiago de Compostela: Xunta de Galicia, tomo 2 (= e-h).

FERNÁNDEZ MARTÍNEZ, Juan-Fadrique (2005). *La España estereotipada del Schlager (análisis imagológico desde 1919 hasta 1957)*. Tesis doctoral inédita, Sevilla: Universidad de Sevilla.

FRALE, Barbara (2004). *Los templarios*. Trad. de M. A. Galmarini, Madrid: Alianza.

FRENZEL, Elisabeth (1979). *Stoff- Motiv- und Symbolforschung*, Stuttgart: Metzler.

IMPEY, Olga T. / KELLER, John (1979). «Introducción», en *Barlaam e Josafat*. Ed. de J. E. Keller y R. W. Linker, Madrid: Consejo Superior de Investigaciones Científicas, pp. IX-XXXIX.

JAÉN BENÍTEZ, J. (2005). *Herencia fantástica y modernidad alegórica en las letras alemanas entre 1900 y 1942*. Tesis doctoral inédita, Sevilla: Universidad de Sevilla.

LAVALLÉ, Bernard (2005). *Francisco Pizarro y la Conquista del Imperio Inca*. Trad. de S. Recarte, Madrid: Espasa.

LOMBANA SÁNCHEZ, Carlos Alfonso (2015). *Desde Austriahungría hacia Europa. Perfil europeo de las literaturas en lengua alemana del Imperio austrohúngaro (1867-1918)*. Tesis doctoral inédita, Madrid: Universidad Complutense de Madrid.

MAGRIS, Claudio (2009). *Il mito absburgico nella letteratura austriaca moderna*. Torino: Giulio Einaudi Editore.

MARIÑO, Francisco Manuel (2015). «*Der Geisterseher* de Schiller: retórica y construcción romántica», en Mª A. Sánchez Manzano (ed.), *Retórica: Fundamentos del estilo narrativo en la novela romántica*. Berlin: Logos Verlag Berlin GmbH, pp. 107-120.

MARIÑO, Francisco Manuel (2016). «El marco histórico hispano en *Der Graf Luna* de Alexander Lernet-Holenia», en M. Fernández Bueno *et al.* (eds.), *La literatura es algo más que el texto*. Bern / Berlin / Bruxelles / Frankfurt a. M. /New York / Oxford / Wien: Peter Lang, pp. 85-93.

MARIÑO, Francisco Manuel (2017). «La literatura española en las novelas de Alexander Lernet-Holenia», en A. Gimber (ed.), *Diálogos literarios y culturales hispano-alemanes / Deutsch-spanischer Literatur- und Kulturdialog*. Madrid: Dykinson, pp. 121-131.

MATA CARRIAZO, Juan de (1940). «Estudio preliminar», en *Crónica de don Álvaro de Luna, condestable de Castilla, maestre de Santiago*. Edición y estudio de J. de Mata Carriazo, Madrid: Espasa-Calpe, pp. IX-LXIV.

MENDOZA, Vicente T. (1984). *El corrido mexicano*. México: Fondo de Cultura Económica.

MOLDENHAUER, Gerhard (1929). *Die Legende von Barlaam und Josaphat auf der iberische Halbinsel*. Hrsg. von C. Voretzsch, Halle: Niemeyer.

*MONCADA*, [en línea] en http://www.blasoneshispanos.com/Heraldica/HeraldicaGentilicia/Armoriales/M M/Moncada.htm.

MÜLLER-WIDMER, Franziska (1980). *Alexander Lernet-Holenia: Grundzüge seines Prosa-Werkes dargestellt am Roman „Mars im Widder"*. Bonn: Bouvier.

NAUPERT, Cristina (2001). *La tematología comparatista. Entre teoría y práctica*. Madrid: Arco / Libros.

*ORDEN DE MALTA*, [en línea] en http://www.ordendemalta.es/story.php?id=224.

PÉREZ, Béatrice (2009). «Figure d'un favori exemplaire au XVe siècle: le regne d'Alvaro de Luna, "mayor señor sin corona"», en Ricardo Saez (dir.), *L'Espagne des validos, 1598-1645*. Rennes : PUR.

REY, Alfonso (1987). «El género picaresco y la novela», *Anuario de Estudios Filológicos*, 10, pp. 309-332.

ROČEK, Roman (1984). «Die Gesichter und Geschichte des Alexander Lernet-Holenia», en *Neue Akzente. Essays für Liebhaber der Literatur*. Wien: Herold, pp. 183-192.

ROČEK, Roman (1997). *Die neun Leben des Alexander Lernet-Holenia. Eine Biographie*. Wien / Köln / Weimar: Böhlau Verlag.

ROTH, Joseph (1989). «Grillparzer. Ein Porträt», en K. Westermann (ed.), *Das journalistische Werk 1929-1939*. Köln: Kiepenheuer 6 Witsch, pp. 742-751.

SAFRANSKI, Rüdiger (2009). *Romantik. Eine deutsche Affäre*. Frankfurt am Main: Fischer Taschenbuch Verlag. Traducción española de R. Gabás, *Romanticismo. Una odisea del espíritu alemán*. Barcelona: Tusquets, 2009.

SERRANO BELINCHÓN, José (2000). *El Condestable. De la vida, prisión y muerte de don Álvaro de Luna*. Guadalajara: Aache Ediciones.

*TEOBALDO I*, en *Gran Enciclopedia de Navarra*, [en línea] en http://www.enciclopedianavarra.com/?page_id=19430.

VARMA, Devendra (1966). *The Gothic Flame. Being a History of the Gothic Novel in England: its Origins, Efflorescence, Disintegration and Residuary Influences*. New York: Russell & Russell.

VÁZQUEZ, Luis (2008). «Tirso, objeto de una comedia quimérica de Eguílaz (1855)», en Blanca Oteiza (ed.), *Grande inventor de quimeras. Los mundos dramáticos de Tirso de Molina*. Valladolid: Junta de Castilla y León / Instituto Castellano y Leonés de la Lengua, pp. 151-164.

VILLANUEVA, Darío (2006). *El comentario del texto narrativo: cuento y novela*. Madrid: Mare Nostrum Comunicación.

WEISSTEIN, Ulrich (1975). *Introducción a la literatura comparada*. Trad. de Mª T. Piñel, Barcelona: Planeta.

## PROCEDENCIA DE LAS ILUSTRACIONES

Ilustración 1: USIS - Alexander Lernet-Holenia II.jpg. (2022, November 24). Wikimedia Commons, [en línea] en https://commons.wikimedia.org/w/index.php?title=File:USIS_-_Alexander_Lernet-Holenia_II.jpg&oldid=709113599. Imagen de dominio público.

Ilustración 2: Herencia Latina. Proyecto la Paloma, [en línea] en http://www.herencialatina.com/Proyecto_Paloma_Evelyn_Raetz/proyecto_la_paloma_Herencia_Febr_Mar_2010.htm

Ilustración 3: OTERO, Carolina. 'La bella Otero' SIP. 129-20. Photo Reutlinger.jpg. (2022, May 3). Wikimedia Commons. Retrieved 22:51, February 3, 2025 from

https://commons.wikimedia.org/w/index.php?title=File:OTERO,_Carolina._%27La_bella_Otero%27_SIP._129-20._Photo_Reutlinger.jpg&oldid=653599737. Imagen de dominio público.

Ilustración 4: Great Royal Coat of Arms of the Two Sicilies.svg. (2024, May 4). Wikimedia Commons., [en línea] en

https://commons.wikimedia.org/w/index.php?title=File:Great_Royal_Coat_of_Arms_of_the_Two_Sicilies.svg&oldid=873577738. Licencia bajo CC BY-SA 3.0

Ilustración 5: Cross Calatrava.svg. (2024, April 26). Wikimedia Commons, [en línea] en

https://commons.wikimedia.org/w/index.php?title=File:Cross_Calatrava.svg&oldid=871349618. Licencia bajo CC BY-SA 3.0

Ilustración 6: Francisco Coello (1847-1870) Atlas de España y sus posesiones de ultramar, portada.png. (2024, October 19). Wikimedia Commons, [en línea] en

https://commons.wikimedia.org/w/index.php?title=File:Francisco_Coello_(1847-1870)_Atlas_de_Espa%C3%B1a_y_sus_posesiones_de_ultramar,_portada.png&oldid=946494462. Imagen de dominio público.

Ilustración 7: Historia de la conquista del Perú, 1851 "Muerte del Inca Atahualpa". (3970908347).jpg. (2024, August 29). Wikimedia Commons, [en línea] en

https://commons.wikimedia.org/w/index.php?title=File:Historia_de_la_conquista_del_Per%C3%BA,_1851_%22Muerte_del_Inca_Atahualpa%22._(3970908347).jpg&oldid=917274600. Licencia bajo CC-BY-2.0

## TRADUCCIONES DE LERNET-HOLENIA AL ESPAÑOL

*Yo fui Jack Mortimer*, versión española de J. A. Bravo. Barcelona: Luis de Caralt, 1962.

*El estandarte*, traducción de Annie Reney Lifezis. Barcelona: Luis de Caralt, 1968.

———, traducción de Annie Reney y Elvira Martín, prólogo de I. Vidal-Folch. Barcelona: Libros del Asteroide, 2013.

*Mayerling y otras narraciones*, versión española de Manuel y Augusto Pardo García. Barcelona: Luis de Caralt, 1969. Incluye *Meterling, Mona Lisa, El barón Bagge, Maresi, El veinte de Julio, El dios ciego* y *El unicornio*.

*Tres novelas caballerescas*, traducción de Manuel Vázquez. Barcelona: Ediciones G. P., 1973. Incluye *Strahlenheim, Juba Zobel* y *Jo y el señor a caballo*.

*El conde de Saint-Germain*, traducción de Annie Reney. Barcelona: Ediciones G. P., 1974.

*Boda nocturna*, traducción de Manuel Vázquez. Barcelona, Ediciones G. P., 1975. Incluye *Boda nocturna* y *Aventuras de un joven caballero en Polonia*.

*La cita*, traducción de Annie Reney Lifezis. Barcelona: Luis de Caralt, 1976. Incluye *La cita, Una historia de amor en la época napoleónica, La baronesa, Las hermanas, Los Reyes Magos de Totenleben, Las tres plumas, El Señor de París* y *La isla del esqueleto*.

*El hombre del sombrero*, traducción de Annie Reney. Barcelona: Ediciones G. P., 1976.

*Marte en Aries*, traducción de Ana María de la Fuente. Barcelona: Plaza & Janés, 1982.

———, traducción de Adan Kovacsics. Barcelona: Editorial Minúscula, 2010.

*El Barón Bagge*, traducción de Alberto Luis Bixio. Madrid: Siruela, 1990.

———, traducción de Héctor Orestes Aguilar. México: Universidad Autónoma de México, 2007.

*El conde Luna*, traducción de J. R. Wilcock. Madrid: Siruela, 1993.

*Las dos Sicilias*, traducción de Alberto Luis Bixio. Madrid: Espasa Calpe, 2003.

*El joven Moncada*, traducción de Adan Kovacsics. Barcelona: Editorial Minúscula, 2006.